Stefan Junker

Krise – Hirn an!

Klar denken und handeln bei trüben Aussichten.

AF201008

Das Buch

Die Welt ist in ziemlicher Unordnung. Und der Nachschub an neuen Krisen wird vorerst nicht abreißen, sondern weiter zunehmen. Denn die Menschheit steckt inmitten einer gigantischen „Metakrise". Der Krisenmanager Stefan Junker zeigt auf, was das bedeutet – und was jeder selbst tun kann, um erfolgreich durch diese unruhigen Zeiten zu navigieren. Er zeigt, wie man sowohl mit den großen Krisen der Gegenwart gut zurechtkommt, als auch die eigenen Krisen bewältigen kann. Eine Handreichung für jeden, der das eigene Denken nicht aufgeben möchte:

- Leben in einer irren Welt, ohne den eigenen Verstand zu riskieren
- Mentales Rüstzeug für chaotische Zeiten
- Halt finden, wenn alte Selbstverständlichkeiten erodieren
- Knowhow für das Management von Krisen

Der Autor

Stefan Junker, Dr. phil., geboren 1975, studierte einige Semester Mathematik und internationale Politik und wurde schließlich Psychologe. Seit 2004 schult er Menschen darin, wie man sich vor Manipulation und Beeinflussung schützen kann. Als Wissenschaftler galt seine Leidenschaft Forschungen zu Hypnose und Suggestionen. 2005 wurde er mit dem Georg-Gottlob-Studienpreis für angewandte Psychologie ausgezeichnet. Heute lebt und arbeitet er bei Heidelberg und lehrt dort bei der Internationalen Gesellschaft für Systemische Therapie (IGST). Er berät politische Institutionen, Unternehmen, Organisationen und Entscheidungsträger in Fragen des Umgangs mit Krisen. Daneben ist er als Psychotherapeut und Coach niedergelassen.

Stefan Junker

Krise – Hirn an!

Klar denken und handeln bei trüben Aussichten.

www.doktorjunker.de

Bibliografische Information der Deutschen Nationalbibliothek:
Die Deutsche Nationalbibliothek verzeichnet diese
Publikation in der Deutschen Nationalbibliografie;
detaillierte bibliografische Daten sind im Internet über
http://dnb.dnb.de abrufbar.

Webseite und E-Mail-Adresse des Autors:
www.doktorjunker.de
SJunker@gmx.de
Umschlagidee und Gestaltung: Dr. Stefan Junker
Herstellung und Verlag: BoD – Books on Demand,
Norderstedt

ISBN: 978-3746066080

Für meine Kinder.

Inhalt

Vorwort

Was ist das nur für eine Zeit! Kriege, Elend, Flüchtlingsströme, Autokraten und Populisten, Nationalisten und Terroristen – die Symptome der Instabilität nehmen zu und pirschen sich immer näher an die bürgerlichen Komfortzonen heran. Demokratie, Klima, Weltwirtschaft, Kapitalismus, Staatshaushalte, internationale Zusammenarbeit, die EU ... kaum etwas, was in diesen Jahren nicht immer tiefer in die Krise zu geraten scheint. Und dann wären da noch die eigenen, ganz persönlichen Krisen.

Krisen überall. Sie entstehen manchmal plötzlich, manchmal schleichend, häufig unvorhersehbar, dieser Tage oftmals gleichzeitig, immer schneller, mit atemberaubender Dynamik. Sie stellen sich nicht brav in einer Reihe an, um zu warten, bis die vorhergehende beendet ist. Sie scheren sich nicht um Belastungsgrenzen, nehmen keine Rücksicht auf Menschenrechte und universelle Werte. Dass demokratische Gesellschaften Zeit zum Nachdenken, Reden und Abwägen brauchen, interessiert Krisen nicht die Bohne. Sie haben keine Moral und keine Empathie. Ihr Timing ist äußerst schlecht – sie kommen prinzipiell ungelegen. Außer für Populisten. Die behandeln Krisen sehr fürsorglich, verstehen sich in ihrer Aufzucht. Dabei sind Krisen per se schon sehr fruchtbar und potent, begatten sich gegenseitig, sorgen ungehemmt für zahllosen Nachwuchs. Wenn man sie nicht rechtzeitig einhegt und bewältigt, rotten sie sich zu gigantischen Katastrophen zusammen.

Die Gegenwart fühlt sich eigenartig an. Wir stehen irgendwo zwischen alter, klebriger Routine, gepflegter Alltagsidylle und dem gefühlten Vorabend einer unaufhaltsam hereinbrechenden Katastrophe. Zahllose vertraute Selbstverständlichkeiten scheinen ihrem Ende entgegenzugehen und sich, vorerst, in ein chaotisches Etwas aufzulösen. Es ist, als ob man die Sprengung eines Gebäudes in Zeitlupe betrachtet. Die gesellschaftliche Luft ist heiß, flimmert, vibriert vor unbestimmter Bedrohlichkeit. Luftspiegelungen verwirren die Sinne und trüben die Orientierung. Jenseits des Horizonts lauert das Unerwartete geduldig auf seine Auftritte. Dort haben die »schwarzen Schwäne[1]« ihr Nistgebiet. Sie sind ein Synonym des Unwahrscheinlichen, das plötzlich in die Wirklichkeit einbricht und die alte Normalität gnadenlos in Frage stellt.

Wie ist die Sache bei Ihnen persönlich gelagert? Sind Sie dieser Tage gelegentlich beunruhigt? Oder sogar aufgebracht und verärgert? Oder doch meist entspannt, gelassen und mit Abstand zu den Ereignissen? Sehen Sie Krisen als etwas, das meist nur andere betrifft – oder fühlen Sie sich persönlich bedroht?

Immer mehr Menschen fragen sich, welchen Reim Sie sich auf die Ereignisse in der Welt machen sollen. Wie man mit dieser seltsamen Gesamtlage souverän umgehen soll. Wie man es schafft, sich nicht der allgegenwärtigen Katastrophenstimmung auszuliefern. Aber woher gewinnt man Orientierung, wenn die Zukunft im Nebel verschwindet und immer mehr Zeitgenossen Angst haben, dass alles zusammenbrechen könnte?

Ich werde einen Weg skizzieren, wie das gehen kann.

Beginnen wir mit der Frage, woran man Krisen überhaupt erkennt, und ob wir es gegenwärtig überhaupt mit echten Krisen zu tun haben. Denn nicht überall wo „Krise" draufsteht, ist auch eine drin. Vielleicht steigern sich viel zu viele da nur in etwas hinein – oder doch nicht?

Gefangen im Kreislauf von Fortschritt und Krise

Woran man echte Krisen erkennt

Denken Sie, dass Sie eine Krise sicher erkennen können? Und können Sie eine solche von einer problematischen Lage unterscheiden? Das ist ein sehr wichtiger Unterschied, will man sich in der gegenwärtig unübersichtlichen Welt sicher orientieren und die richtigen Schlüsse für das eigene Leben ziehen können. Aber der Reihe nach.

„Krise" ist heutzutage ein äußerst inflationär gebrauchter Begriff. In unserem Informationszeitalter, in dem alles um Aufmerksamkeit kämpft und das „Aufmerksamkeits-Defizit-Syndrom" zur häufigsten Kinder- und Jugendkrankheit geworden ist, muss man schon mächtig die Alarmglocken klingenlassen, um wahrgenommen zu werden. Heute wird fast alles rasch zur Krise verklärt, um Aufmerksamkeit zu erregen. Hinzu kommt, dass verschiedenste Wissenschaftsdisziplinen – Medizin, Psychologie, Volkswirtschaft, Physik, Geschichte, Soziologie, Politik – den Begriff Krise mit sehr unterschiedlichen Bedeutungen belegen. Das macht es nicht einfacher. Deswegen werden wir uns hier gar nicht erst mit den entsprechenden fachlichen Besonderheiten beschäftigen – es würde nur Verwirrung stiften und doch nichts zur Klärung beitragen. Doch wer mit den vermeintlichen Krisen in unserer Welt gut zurechtkommen will, sollte dennoch wissen, wann er es womöglich mit einer zu tun hat, und wann nicht. Wir brauchen eine alltagstaugliche Arbeitsdefinition für den Begriff „Krise". Hier eine Annäherung:

Krisen zeichnen sich im Kern dadurch aus, dass eine Not besteht, die bisherigen, etablierten Vorgehensweisen nicht mehr funktionieren und keiner eine wirkliche Ahnung hat, was jetzt nachhaltig helfen könnte. Im besten Fall gibt es zwar einige Ideen und Theorien, aber die vermeintlichen Experten sind sich völlig uneins, welche die richtige ist. Die alten Routinen machen häufig alles nur noch schlimmer und die Lage entgleitet immer mehr. Es ist vergleichbar mit einem Auto, das im Schlamm steckengeblieben ist und sich immer tiefer eingräbt, je mehr der Fahrer versucht, durch den entschlossenen Tritt auf das Gaspedal herauszukommen.

Im Kontrast zu Krisen steht der Begriff des „Problems". Probleme oder problematische Situationen sind nichts weiter als Herausforderungen, die durch Ist-Soll-Differenzen gekennzeichnet sind. Etwas ist nicht, wie es sein sollte, aber man weiß schon recht genau, wo die Reise hingehen soll. Und es bestehen bewährte, von nahezu allen Experten anerkannte Routinen, die verlässlich helfen, den Istzustand zu überwinden und in den Sollzustand zu überführen - wenngleich diese „Lösungswege" mit gewissen Schwierigkeiten verbunden sein mögen. Probleme haben mithin immer eine Lösung, sonst wären sie keine. Autopannen, Blinddarmentzündungen, brennende Häuser, überflutete Keller, randalierende Hooligans nach einem Fußballspiel - alles nur Probleme, für die Lösungen längst erfunden wurden und prinzipiell verfügbar sind.

Nicht so bei Krisen. Hier sind die bisherigen Lösungsversuche bestenfalls unwirksam. In schlimmeren Fällen gießen sie sogar Öl ins Feuer. Wenn man mitten in einer Krise steckt, gibt es keine sicher identifizierbaren Lösungen, sonst wäre sie nur ein normales Problem. In Krisen gibt es bestenfalls begründete Vorgehensweisen, welche die Ereignisse hoffentlich hilfreich voranbringen werden und in eine neue, stabile Normalität hineinführen. Krisen verlangen das Navigieren auf Sicht. Das ist für viele Menschen nicht einfach auszuhalten. Überprüfen Sie sich selbst: Was hilft Ihnen persönlich üblicherweise, Unklarheit erst einmal auszuhalten, die Ruhe zu bewahren und sich lediglich stückweise vorwärts zu tasten?

Tückisch: Man kann, gerade in der Anfangszeit von Krisen, häufig kaum entscheiden, ob man es wirklich mit einer zu tun hat. Vielmehr ist es zu Beginn nur eine vage Ahnung: „Irgendetwas läuft hier grundlegend anders als sonst, oder?" Gewissermaßen bekommt die alte Normalität zunehmend Risse, gerät ins Stocken. Natürlich: manchmal bricht die bekannte Normalität auch plötzlich zusammen und die Krise ist deutlich da, so wie die Krisen, die durch die Reaktorkatastrophen von Tschernobyl oder Fukushima hervorgerufen wurden.

Krisen, die schleichend heraufziehen, die also nicht plötzlich durch singuläre Ereignisse entstehen, sind hingegen nicht immer leicht zu erkennen. Es gibt dennoch einige Indizien, die auf Krisen hindeuten können und dazu einladen sollten, den bisherigen Blick auf die Dinge zu hinterfragen: Denn bei aufziehenden Krisen entsteht bei vielen der Eindruck, dass alles immer schneller auf wichtige, schicksalhafte Entscheidungen zuläuft. Diffuse Stimmungen von ›was jetzt passiert, hat weitreichenden, prägenden Einfluss auf die weitere Zukunft‹ können sich ausbreiten. Werden Krisen chronisch und über längere Zeiträume nicht bewältigt, grassieren immer extremere Ansichten, Verschwörungstheorien und Misstrauen. Obskure, stark vereinfachende Erklärungen für den Ursprung der Misere machen dann die Runde und Sündenböcke werden gesucht. Immer lauter und emotionaler erklingen Rufe nach einer raschen Lösung für die vermeintlichen Probleme. Ethische Standards und moralische Bedenken werden im Klima der Verunsicherung und Angst erschreckend schnell im Handstreich vom Tisch gewischt.

Letzend Endes wird bei der Entscheidung der Frage, ob man es in bestimmten Fällen mit Krisen zu tun hat oder nicht, jeder auf seine eigene Einschätzung zurückgeworfen. Denn es gibt keinen gottgleichen, völlig objektiven Blick von außen auf die Welt. Es gibt kein eindeutiges, hinreichendes Kriterium, sondern immer nur Hinweise. Somit lässt sich auch nie objektiv bestimmen, ob man es wirklich mit einer Krise zu tun hat. „Krise" ist keine objektive Feststellung, sondern immer nur eine mehr oder weniger gut gestützte Annahme. Erst im Rückspiegel, nach erfolgreicher Überwindung einer Krise, oder auch dann, wenn die Krise in einer Katastrophe geendet ist, wird man mit Fug und Recht sagen können: *„Oh ja, das war offensichtlich eine Krise!"* Aber wenn man mittendrin steckt? Unmöglich. Und auch erst im Rückspiegel wird man sagen können *»dieses oder jenes hat zur Lösung der Krise beigetragen«* oder auch *»dieses oder jenes hätten wir besser nicht tun sollen«*.

Es ist wie in einer Parabel des irischen Philosophen Charles Handy: Er erzählt von einem Frosch und was geschieht, wenn man ihn in einen Topf mit kochendem Wasser hineinwirft. Ahnen Sie es?

Er springt einfach wieder heraus und flüchtet in angenehmere Gefilde. Unglaublich schnell, entschlossen, vielleicht auch mit ein paar Blessuren, aber doch weitgehend unbeschadet. Was aber geschähe, wenn man einen Frosch in einen Topf mit zimmertemperiertem Wasser hineinsetzen würde? Und das Ganze dann sanft, Grad für Grad, erwärmen würde? Nichts würde geschehen. Das Tier bliebe sitzen. Bei 30 Grad würde es vielleicht denken: „Angenehm warm hier." Bei 40 Grad: „Ordentlich warm sogar. Am besten ich mache es mir jetzt so richtig bequem, entspanne und schalte mal schön ab." Bei 50 Grad: „Schon sehr warm heute. Aber das geht bestimmt vorbei." Bei 60 Grad: „Jetzt wird`s aber wirklich langsam heiß. Vielleicht sollte ich mal nachschauen, was da los ist? Oder einfach abwarten? Meine Glieder sind gerade so schlaff, ich warte mal noch ..." Bei 70 Grad: „Heiß! Heiß! Heiß! Da stimmt doch was nicht! Ich würde jetzt sofort hier rausspringen und mal nachschauen. Wenn ich noch könnte ... Aber woher die Energie nehmen?" Bei 90 Grad: „–". Da war`s das dann.

Das Normalitätsmodell des Frosches hat offensichtlich versagt. In seiner Annahme entsprechen Temperaturveränderungen, solange die nur langsam vonstattengehen, der Normalität, und erfordern keine überstürzte Flucht. Als der Frosch dann doch skeptisch wird, ist es zu spät zum Gegensteuern. Der Frosch hat eine krisenhafte Zuspitzung mit vermeintlicher Normalität verwechselt.

Dreierlei Dinge wären hilfreich gewesen, die Katastrophe abzuwenden: ein besseres Normalitätsmodell, neugierige Skepsis, und rechtzeitige Handlungsbereitschaft. Menschen reagieren auf langsame Veränderungen von Natur aus träge. Übermäßiger Alarmismus wird von Artgenossen nicht sonderlich geschätzt. Das ist durchaus sinnvoll, denn wer würde andauernde Warnrufe noch ernst nehmen? Somit ergibt sich im Angesicht möglicher krisenhafter Entwicklungen ein scheinbares Dilemma: Immer wieder beschwichtigen und dadurch im Krisenfall nicht rechtzeitig reagieren – oder zu früh Alarm schlagen und dadurch nicht ernstgenommen werden.

Nach der Wahl von Donald Trump zum US-Präsidenten waren beide Tendenzen zu beobachten. Der Spiegel eröffnete seine erste Ausgabe nach dem Ereignis mit dem Titel »Das Ende der Welt (wie wir sie kennen)« und ließ damit die Alarmsirenen erklingen. Manche anderen Medien, wie auch der scheidende Präsident Obama in seiner ersten Pressekonferenz nach der Wahl, übten sich hingegen vor allem in beschwichtigenden Äußerungen. Trump sei ein Pragmatiker, er werde sein Bestes tun, um die Nation zu einen, und er werde an Verpflichtungen gegenüber der NATO festhalten. Tenor: Wird schon alles seinen normalen Gang gehen.

Alarmiert sein oder lieber ruhig bleiben? Was soll man tun, wenn nicht genau klar ist, ob noch alles klar ist oder sich möglicherweise gerade eine Krise heranpirscht? Man kann durchaus etwas tun, um nicht als gekochter Frosch zu enden. Denn soviel lässt sich sagen: **Gönnen Sie sich stets eine ordentliche Portion Ambivalenz. Halten Sie vieles für möglich, ohne vorschnell das eine oder andere zu glauben.**

Seien Sie chronisch wissbegierig, interessiert und skeptisch. Nehmen Sie Perspektivwechsel vor, auch wenn es Anstrengungen mit sich bringt. Bewegen Sie sich heraus aus den (immer wärmeren?) Komfortzonen, aber ohne zu großes Geschrei. Gewinnen Sie Distanz zum Geschehen und schauen Sie Situationen in Ruhe mit Abstand an. Betrachten Sie aktuelle Entwicklungen in längeren zeitlichen Verläufen. Unterhalten Sie sich mit Dritten, die andere Sichtweisen anzubieten haben. Das alles kann Muster offenbaren und Hinweise auf Zusammenhänge geben. Hinterfragen Sie von Zeit zu Zeit die Dinge um sich herum, selbst wenn es scheinbar keinen Anlass dazu gibt. Natürlich: Das kann auch nerven. Aber was soll`s? Wenn man dafür nicht gargekocht wird?!

*

»Wir beschließen etwas, stellen das dann in den Raum und warten einige Zeit ab, ob was passiert. Wenn es dann kein großes Geschrei gibt und keine Aufstände, weil die meisten gar nicht begreifen, was da beschlossen wurde, dann machen wir weiter – Schritt für Schritt, bis es kein Zurück mehr gibt.«

Jean-Claude Juncker
ehemals Ministerpräsident von Luxemburg und Vorsitzender der Eurogruppe, ab 2014 EU-Kommissionspräsident
(zitiert nach D. Koch: Die Brüsseler Republik. Spiegel 52/99)

Die Geschichte vom „Ende der Geschichte"

W enden wir den Blick nun erst einmal zurück in die Vergangenheit, um die Gegenwart besser verstehen zu können. Denn auch schon früher herrschten immer wieder Krisenstimmungen und Menschen stellten sich die bange Frage: Bricht alles zusammen?

*

1899, die westliche Welt. Eine Zeit geprägt von Aufbruchstimmung und Zukunftseuphorie. Ich sitze in meinem Lieblingssessel, blättere mal wieder in Geschichtsbüchern, wische mich durchs Internet. Entdecke Unterschiede zu heute, staune noch mehr über Ähnlichkeiten. Durch den rapide angestiegenen Austausch von Waren, Geld und Informationen war die Welt einerseits näher zusammengerückt und scheinbar kleiner geworden – andererseits aber auch komplexer und unübersichtlicher. Manche sprechen heute von einer ersten Hochphase der Globalisierung. Die Wissenschaft feierte grandiose Erfolge. Das Ingenieurwesen war unaufhaltsam auf dem Vormarsch. Die Technik hielt Einzug in jedermanns Leben. Die letzten weißen Flecken auf den Landkarten verschwanden. Überall wurden Pläne geschmiedet und Utopien gezimmert. Dennoch machten sich mancherorts Endzeitstimmungen und Zukunftsängste breit. Die Industrialisierung hatte zu großen sozialen Verwerfungen geführt. Für die Zeitgenossen schien es, als stehe kein Stein mehr auf dem anderen. Das Tempo der technischen und gesellschaftlichen Veränderungen war atemberaubend. Der Zeitgeist schwankte zwischen Dekadenz, sozialen Ängsten, überzogenem Patriotismus, Lebensüberdruss und sozialdarwinistischer Überheblichkeit. Nervöse Geister und findige Geschäftemacher schürten mit Hilfe der Medien die Angst vor einem Kometeneinschlag. Astronomen hatten für Mitte November 1899 den Vorbeiflug eines Kometen berechnet. Bei vielen breitete sich daraufhin eine fatalistische Krisenstimmung aus.

Es kam, trotz der Befürchtungen mancher flattrigen Zeitgenossen, nicht zum vorhergesagten Weltuntergang. Die Dinge entwickelten sich völlig anders. Über die Jahre kamen Krisenstimmungen und auch manche echte Krise, und sie gingen wieder, viele von selbst. Die Alarmisten hatten häufig Unrecht gehabt. Größeres Unglück blieb (vorerst) aus. Im Windschatten der Umwälzungen dieser Jahre hatte allerdings eine kontinuierliche militärische Aufrüstung stattgefunden. Nationalismus und allerlei extreme Ideologien fanden einen hervorragenden Nährboden – bis sich das Gemisch schließlich in der Urkatastrophe des zwanzigsten Jahrhunderts, dem Ersten Weltkrieg, Dieses zuvor unvorstellbare Inferno biblischen Ausmaßes zog in den Folgejahren noch vielerlei Krisen nach sich, bis das Unheil seine Fortsetzung im Zweiten Weltkrieg erfuhr.

In den Jahrzehnten nach den Weltkriegen durfte man den Eindruck gewinnen, dass sich durch die schrecklichen Erfahrungen in der ersten Hälfte des Jahrhunderts zunehmend der Geist von Aufklärung und Humanismus durchsetzte. Was gab es nicht alles an Fortschritten! Die Vereinten Nationen wurden gegründet. Mit der Menschenrechtscharta wurde 1948 ein – vermeintlich – universelles Wertesystem etabliert. Die Genfer Flüchtlingskonvention garantierte

Verfolgten und Vertriebenen ab 1954 einen einheitlichen, verbindlichen Rechtsstatus. Zahlreiche politische Krisen konnten zu einem guten Ende geführt werden. Man denke nur an die Kubakrise 1962, welche die Welt an den Rand eines Atomkrieges geführt hatte. Hungerkatastrophen wurden gemildert, Infektionskrankheiten wie die Pocken praktisch ausgerottet. Ein Sieg von Kooperation und menschlicher Vernunft.

In Europa sicherte die stetig zunehmende, konstruktive Zusammenarbeit der Länder erstmals Wohlstand und Frieden. Die EU wurde auf den Trümmern des alten Kontinents aufgebaut, Grenzen wurden geöffnet, Waren und Kultur fanden freien Austausch. Das gemeinsame Interesse am Wohle aller schien dauerhaft über den kurzsichtigen Egoismus der Nationalstaaten gesiegt zu haben. Die Zauberformeln, mit denen Menschen wie Willy Brandt, Hans-Dietrich Genscher, Michail Gorbatschow, Nelson Mandela, Jitzchak Rabin und andere sich anschickten, die Welt Stück für Stück zu einem besseren Ort zu machen, lauteten Kommunikation und Kooperation. Und dann fiel sogar noch die Mauer, der Warschauer Pakt brach zusammen, der Kalte Krieg fand ein Ende. Frieden, Freiheit, demokratische Grundwerte und Wirtschaftsliberalismus schienen das natürliche Reifestadium der menschlichen Kultur zu sein. Dies veranlasste den Politologen Francis Fukuyama 1992 dazu, mit seinem gleichnamigen Weltbestseller das »Ende der Geschichte« auszurufen. Seiner Ansicht nach würden sich nach dem Zusammenbruch des Ostblocks liberale Grundsätze in Form von Demokratie und Marktwirtschaft überall durchsetzen. Er begründete dies damit, dass kein anderes

Modell das menschliche Streben nach sozialer Anerkennung besser befriedige, und somit entfalle das Antriebsmoment der Geschichte. Die alte Hegelsche Vorstellung von These und Antithese führe tatsächlich zu einer letzten großen Synthese in Gestalt der Auflösung weltpolitischer Widersprüche.

Schön, dass Menschen so fest an etwas wie den menschlichen Verstand glauben können. Aus heutiger Sicht, zweieinhalb Jahrzehnte später, wirken Fukuyamas damalige Ansichten wie Naivität im Endstadium. Geschichte geht weiter. Immer. UN, NATO und EU sind heute keine Beschützer vor Krisen und Bewahrer des Weltfriedens mehr. Sie stecken selbst in den tiefsten Krisen seit ihrer Gründung, genau wie die Demokratie westlicher Prägung als Ganzes. Der Zustand der meisten internationalen Organisationen ist besorgniserregend. Auch nichtstaatliche Träger des Friedensgedankens wie zum Beispiel das Internationale Olympische Komitee und die FIFA sind, verglichen mit ihren Gründungsmythen, nur noch Ruinen. Heute prägen die Erdogans, Orbans, LePens, Trumps und Putins die Szenerie. Sie drängen ins Licht – nicht um besser zu sehen, sondern um strahlender zu glänzen. Sie vergiften das Klima zwischen den Ethnien, reißen im Handstreich Brücken ein, die andere mühevoll über Jahrzehnte errichtet hatten. Machttrunken und egoman wird das Ideal der Zusammenarbeit und die dafür notwendige Tugend der Kompromissbereitschaft zu Grabe getragen. Die radikalen Kräfte der entfesselten globalen Ökonomie haben ganze Gesellschaften mit ihrer neodarwinistischen »Winnertakes-all-Logik« infiziert. Willfährig entsorgen die Anhänger der neuen Alphatiere die in ihren Augen altmodischen und bemitleidenswert schwachen Kooperationsmodelle der Demokratie. Man schreit nach Stärke und Durchsetzungsfähigkeit, bejubelt den scharfmachenden, entschlossenen Monolog, zieht das rasche, machtvolle, unreflektierte Handeln dem gemeinsamen, behutsamen Vorwärtstasten vor. Pubertäre Lust an der Zerstörung verdrängt das Abwägen und die menschenfreundliche Vernunft.

War die zweite Hälfte des zwanzigsten Jahrhunderts etwa nur ein unwahrscheinliches Zwischenspiel in der Geschichte der Menschheit? Alles Positive schien einem natürlichen Wachstumspfad zu folgen: Verstand, Frieden, Wohlstand, Aussöhnung, Vernunft, Kultur. Aber selbst in der Wirtschaftswunderzeit äußerte der ehemalige deutsche Kanzler Konrad Adenauer Zweifel: »*Ist es nicht schrecklich, dass der menschlichen Klugheit so enge Grenzen gesetzt sind und der menschlichen Dummheit überhaupt keine?*«.

Die Lehre aus der Geschichte? **Gehen Sie nie davon aus, dass alles gut ist und nichts mehr neu betrachtet und gedacht werden muss.** Gehen Sie auch nie davon aus, dass dieser Zeitpunkt jemals kommen könnte. **Es gibt kein Menschsein ohne Krisen. Man sollte sich besser entspannt damit abfinden.** Und gehen Sie erst recht niemals davon aus, dass in der Vergangenheit einmal alles gut gewesen sein könnte und es deshalb erstrebenswert ist, die Zeit zurückzudrehen. **Die Tatsache, dass es immer Krisen gab und geben wird, verlangt nach Vorwärtsverteidigung und dem verantwortungsvollen Einsatz des Verstandes, und nicht nach Geschichtsvergessenheit.**

Darf man auf den menschlichen Verstand hoffen?

Dezember 2015, Paris: Laurent Fabius, der Außenminister Frankreichs, ist sichtlich gerührt. Seine Stimme ist brüchig, er hat Tränen in den Augen. Die versammelten Repräsentanten der Weltgemeinschaft blicken erwartungsvoll auf ihn, den Konferenzleiter der UN-Klimakonferenz. Sie kleben förmlich an seinen Lippen. Er hält ein flammendes Plädoyer für die Annahme des nun vorliegenden, völkerrechtlich bindenden Vertragsentwurfs. Der sieht erstmals vor, dass alle Staaten sich verpflichten, die Erderwärmung auf deutlich unter 2°C, möglichst sogar 1,5°C zu begrenzen. Er sagt Sätze wie diese: »Unsere Kinder würden uns nicht verstehen, noch würden sie uns vergeben.« Am nächsten Tag ist klar: Der Vertrag wird von allen angenommen. Den Anwesenden ist bewusst, dass sie einen historischen Moment miterleben. In den Jahren zuvor hatten Aktivisten und Experten unermüdlich auf die drohende Klimakatastrophe hingewiesen. Und trotz der vielen erfolglosen Vorgängerkonferenzen hatten sie nie aufgegeben.

Ohne den emsigen Fleiß und das Denkvermögen der Fachleute wäre es nie so weit gekommen. Ihre Daten, Modelle und Hochrechnungen waren die notwendige Grundlage für diesen ersten großen Erfolg, der immerhin auch ein Jahr später bei der Folgekonferenz in Marrakech ambitioniert fortgeschrieben wurde. Erst die Gemeinschaft der Wissenschaftler hatte aufzeigen können, was da mit an Sicherheit grenzender Wahrscheinlichkeit komme, wenn nicht gegengesteuert werde. Ihr Alarm war wesentlich.

Wie schon damals, als sie mit ihren hochentwickelten Messinstrumenten das Ozonloch entdeckt hatten. Erste Warnrufe erfolgten bereits 1974. Die Spezialisten konnten durch ihre Neugier und ihre Methoden den Zusammenhang zwischen FCKW und Ozonloch aufzeigen, was ihnen später den Nobelpreis einbrachte. 1985 gingen dann bunte Satellitenaufnahmen aus dem All um die Welt. Sie zeigten den gigantischen Bereich, in dem das Ozon völlig verschwunden war. Jetzt war die Krise für alle »sichtbar«. 1990 kam es durch ein internationales Abkommen zum Verbot von FCKW. Heute ist die Ozonschicht dabei, sich zu erholen. Prognosen der Welt-Organisation für Meteorologie gehen davon aus, dass das Ozonloch ab spätestens 2050 kein Thema mehr sein wird. Eine Erfolgsgeschichte internationaler Zusammenarbeit, undenkbar ohne die Wissenschaft.

Kann die Wissenschaft auch bei anderen Krisen der Gegenwart weiterhelfen? Das Streben nach Erlösung von der Krisenanfälligkeit der menschlichen Kultur, nach einer Art Durchsystematisierung der Welt, hat sich tief in das Selbstverständnis des Westens eingegraben. Und es ist zugleich paradox: Der wissenschaftliche Fortschritt hat die westliche Welt berechenbarer und sicherer gemacht. Und gleichzeitig in atemberaubenden Maße riskanter und unsicherer.

Sicherer, weil wir heute viele Möglichkeiten an der Hand haben, um Gefahren nicht mehr hilflos ausgeliefert zu sein. Es gibt Impfungen und Antibiotika zum Schutz vor Viren und Bakterien. Wir werden rechtzeitig vor herannahenden Orkanen und Tornados gewarnt. Die Segnungen von Biologie und Agrarwissenschaften bewahren uns vor Hungersnöten. Nicht schlecht, oder?

Riskanter und unsicherer ist unser Leben geworden, weil auch das Potential zur umfassenden Schädigung in enormen Maße zugenommen hat. Man denke an solch zweifelhafte Segnungen wie die Atombombe, vollautomatische Handfeuerwaffen und synthetische Partydrogen.

Die Aufklärung hat die Welt, Hand in Hand mit ihrem geistigen Ziehkind, der modernen Wissenschaft, radikal verändert. Ihre Ursprungsidee war es, Menschen zum eigenständigen Denken zu ermutigen und Vormundschaftsverhältnisse abzuschaffen. Ihre Protagonisten, mutige Freigeister wie Voltaire, Hume und Kant, glaubten an die Kraft von Vernunft und Verstand. Die Utopie einer Menschheit, die der Natur, auch der menschlichen, nahezu alle Gesetzmäßigkeiten abgetrotzt und sie unterworfen hat, ist hingegen ein Mythos. Ein unerfüllbares Versprechen vom Ende der Furcht. Ein halluziniertes Elysium, in dem Verstand und Moral niedere Triebe endgültig besiegt haben sollen.

Aufklärung, richtig verstanden, ist eine Geisteshaltung. Ein Prozess, der niemals einen Endzustand erreicht, und den es am Leben zu halten gilt. Ein positiver, tragischer Sisyphos, der versucht, den Stein der Erkenntnis den Berg hinaufzurollen. Er wird jedoch nie oben ankommen, nie ankommen dürfen, wenn er überleben will. Wenn wir uns einbilden, den Gipfel erreichen zu können, wird der Stein uns gnadenlos überrollen. Unser Schicksal ist es, den Stein permanent und über viele Probleme hinweg den Hügel emporzurollen – ein mühevoller Versuch, irgendwie vorwärts zu kommen. Und dann passiert doch irgendetwas Unvorhergesehenes, das bisherige Prozedere greift nicht mehr, der Stein entgleitet. Schon ist sie da, die Krise. Und das ist genau der Moment, an der uns der menschliche Verstand hilft, den Stein besonnen wieder einzusammeln, uns erneut ans Werk zu machen. Aber nicht mit der alten Denke, sondern diesmal irgendwie besser, anders als zuvor. Man darf durchaus auf den menschlichen Verstand vertrauen. Aber gerade die neue Herangehensweise, der erneute Versuch des Gipfelsturms, wird auch wieder irgendwann an eine Grenze kommen und zu einer neuen Krise führen.

So ist es eben: Wir sind gefangen im Kreislauf von Fortschritt und Krise. Jede neue Erkenntnis wirft neue Fragen und Herausforderungen auf, vielleicht sogar mehr, als durch sie beantwortet werden. Durch das unstillbare menschliche Streben nach Fortschritt, also den Gebrauch des Verstandes, entsteht aber auch ständig wieder Potential für neue Krisen. Denn nur Steine am Hang können nach unten rollen.

Der Mensch ist nicht dafür gemacht, im tristen Geröllfeld am Fuß des Berges sitzenzubleiben. **Wir sollten uns also in diesen Zyklen von Fortschritt und Krise einrichten, so gut es geht.** Der Verstand hilft dabei ungemein: nachdenken, innovativ sein, bisherige Erkenntnisse anzweifeln, sich unverzagt immer wieder neu auf den Weg machen. Ich habe gehört, dass es vielen sogar Freude bereiten soll. **Vertrauen also auch Sie im Angesicht einer sich tosend schnell wandelnden Welt ruhig auf Ihren Verstand – solange Sie ihn kompetent und fachkundig einsetzen.** Wie das geht? Erfahren Sie von Kapitel zu Kapitel mehr darüber. Ihr Verstand hat Ihr vollstes Vertrauen absolut verdient. Auf was sollten Sie sonst bauen?

Was ist nur los mit der Welt?

Denken wir also nach und versuchen zu begreifen, was mit der Welt los ist. **Denn es gibt einige fundamentale Aspekte, in denen sich die heutigen Krisen von den Krisen früherer Zeiten unterscheiden.** Der alte Zyklus von Krise und Fortschritt hat grundlegend neue, globale Qualitäten angenommen. Um gut mit der Gegenwart klarzukommen und die Zukunft gestalten zu können, ist es hilfreich zu verstehen, was genau heute so anders ist.

Fangen wir mit einem bekannten Befund an:

Ein Teil der vielen Krisen hat möglicherweise damit zu tun, dass das Wirtschaftswachstum und zuvor der demokratische Kapitalismus früher oder später an sein Ende kommen wird. Das vermuten sowohl Kapitalismuskritiker, als auch Ökonomen und Expertengremien wie der Club of Rome („Die Grenzen des Wachstums") seit längerem. Das Kapital sammelt sich bei immer weniger Superreichen und steht dem ökonomischen Blutkreislauf somit nicht mehr zur Verfügung. Die soziale Schere zwischen Arm und Reich geht weltweit zunehmend auf. Die Demokratien büßen dadurch letztlich alle Handlungsspielräume ein und verlieren ihre Legitimationsbasis. Die Verteilungskämpfe werden schärfer, innerhalb von Gesellschaften, aber auch zwischen Staaten, Religionen und Kulturen.

In den letzten Jahrzehnten konnten die staatlichen Instanzen den Zusammenbruch jeweils etwas vertagen. Die 70er Jahre nutzten dazu die Inflation, seit den 80er Jahren wird die Staatsverschuldung bis an die letzten Grenzen geschoben. Mit dem neoliberalen Paradigmenwechsel wurden ab den 90er Jahren die Staatsvermögen und -betriebe privatisiert und die Staatsausgaben gleichzeitig massiv zurückgefahren. Es half jedoch alles nichts: Seit dem Zweiten Weltkrieg nimmt das Wachstumstempo der Volkswirtschaften in den großen Industrienationen beständig ab und strebt immer weiter gegen Null. Doch die Ausbeutung der natürlichen Ressourcen wächst weiter ungehemmt.

Heute versuchen die Zentralbanken in aller Welt mit einer unglaublichen Geldschwemme den Mythos vom immerwährenden Wirtschaftswachstum aufrechtzuerhalten. Die Wirkung ihrer Interventionen, verpufft jedoch in beunruhigender Weise zunehmend schneller. Und auch die immer wahnwitzigere Verschuldung der Welt kann den Prozess nicht aufhalten: Laut einer Studie der Beratungsfirma McKinsey betrugen die weltweiten Schulden 2014 unvorstellbare 199 Billionen Dollar, gegenüber dem Jahr 2000 mehr als eine Verdopplung.[2]

Die Weltwirtschaft will nicht in dem Ausmaß anspringen, wie sie es müsste, um die zunehme Kapitalakkumulation auszugleichen und Verteilungskämpfe einzudämmen.

Eine nachhaltig stabilisierende Medikation für die kränkelnden Volkswirtschaften, eine echte Heilung gar? Ist nicht in Sicht. Immobilienblasen, Wirtschaftseinbrüche, Massenarbeitslosigkeit, Börsenstürze, Bankenkrisen, Krisen der Staatsfinanzen, Demokratiekrisen, zusammenbrechende Gesellschaften, Migration – möglicherweise alles nur Symptome einer tieferliegenden Krise völlig neuen Typs, die auf einer unsichtbaren, zweiten Bühne stattfindet?

Fest steht: Das alte Modell des ewigen Wachstums funktioniert nicht mehr. Möglicherweise bricht es gerade vor unseren Augen zusammen. Bereits Karl Marx sah es voraus: Der entgrenzte Kapitalismus erzeugt nicht einfach nur normale zyklische Krisen an seinen Rändern – das Zusteuern auf eine endgültige Krise ist sein innerster Kern, das zentrale Momentum, Teil seiner Logik.

Aber was ist heute noch anders als in früheren Jahrzehnten? Was sollte man noch unbedingt beachten, um im Angesicht der vielen krisenhaften Umbrüche einen kühlen Kopf bewahren und die richtigen Schlüsse für das eigene Leben ziehen zu können?

„Mir wird schwindelig."
Komplexität, Dynamik und verborgene
Wechselwirkungen

Tick, tick, tick, tick, tick. Unablässig, intensiv, beständig voranschreitend, nicht aufzuhalten. Tick, tick, tick, tick, tick. Meine Ohren gleiten auf einem Klangteppich vollkommen gleichförmiger Berechenbarkeit dahin. Ob das noch hinzubekommen ist? Tick, tick, tick, tick, tick. Von allen Seiten, in den Gehörgang, mitten ins Hirn, unter die Haut. Wie perfekt gleichmäßiger Puls, keine ›Extrasystolen‹ oder ›Arrhythmien‹. Nur nicht direkt vor dem Meister, da herrscht Stille. Nichts rührt sich an dem Objekt unter seinen Händen. Ich hoffe, er bekommt das irgendwie hin. Er trägt einen grauen Vollbart, die Furchen seines Gesichtes scheinen randvoll gefüllt mit Lebenserfahrung. Im rechten Auge klemmt ein Okular. Der Blick seziert die feine Mechanik. Mit virtuoser Ruhe führt er kleine Werkzeuge. *»Ein wundervolles Exemplar, dass Sie da von Ihrem Großvater geerbt haben.«*

Der Uhrmacher arbeitet, tauscht ein, zwei winzige Teile der Armbanduhr aus. Hunderte Uhren hängen an den Wänden, kleine, große, erinnern an das beständige Dahinschwinden der Zeit. Von einem Podest in der Ecke herunter blickt mich durchdringend eine steinerne Skulptur an. Die Plakette darunter verrät, dass es sich um ›Chronos‹ handelt, eine Gottheit der griechischen Mythologie, die Versinnbildlichung des Verstreichens von Zeit und dem Ablauf der Lebenszeit. Ein seltsam tranceartiger Zustand breitet sich in mir aus. Die Worte des Meisters weben sich in den Klangteppich ein: *»So was bekommt man immer wieder hin. Bei einer Mechanik gibt es immer klare Ursachen für Fehlfunktionen. Man muss sie nur finden. Dann ist jede Störung zu beheben.«* Ich bin eigenartig berührt von dem, was der alte Herr sagt. Kleine Räder greifen ineinander, winzige Schrauben werden angezogen. Seine fachkundigen Handgriffe verströmen eine beruhigende Wirkung.

»So, das hätten wir.« Er zieht die Uhr auf. Der Sekundenzeiger beginnt wieder seinen pulsierenden Kreisgang. Er hat ihr neues Leben eingehaucht, legt sie würdevoll in meine Hände. Wehmütig nimmt er das Okular aus dem Auge, legt es sanft auf die Arbeitsfläche, schaut auf, blickt mich durchdringend an, atmet tief ein. Das Ticken im Raum scheint für einen Moment auszusetzen, als ob die

Uhren die Luft anhielten, sich eine Art Raumzeitblase bilden würde. »*Es ist eine verrückte Welt. Wir Uhrmacher sind heute ein aussterbender Beruf. Dafür verhalten sich die Leute da draußen ...*« Er zeigt vor die Tür «*... immer mehr wie Uhrmacher, obwohl das echte Leben kein Uhrwerk ist ... was für eine törichte Verwechslung ... wie kann man nur so tun, als ob der Mensch, eine Gesellschaft, Europa, die Welt eine Art triviale Mechanik wären?*« Sein Blick geht zu Boden, er schüttelt den Kopf. »*... Als ob es einfache, klar abgrenzbare Störungsursachen gäbe, die man nur zu beseitigen braucht ... irgendwie reparieren, und es läuft wieder wie früher? ... nicht dort draußen, da gehen die Uhren schon lange anders ... heutzutage hängt doch alles mit allem zusammen. Da braucht es andere Vorgehensweisen als das simple Ursache-Wirkung-Denken meiner Zunft.*« Tick. Tick. Tick. Tick. Tick.

Was genau meint er damit? Und was braucht es stattdessen?

Der Antwort auf diese Frage kommt man im Örtchen Lohhausen der 1970er Jahre näher, gelegen irgendwo in einem deutschen Mittelgebirge. Einzelhandelsgeschäfte, Arztpraxen, eine Bank, Gasthäuser, städtischer Wohnungsbau, ein Schwimmbad, Schrebergärten, sogar ein Bahnhof ... der Ort bietet den 3700 Einwohnern alles, was man zum Leben braucht. Ein Kosmos für sich, gelegen an dem Flüsschen Lohe, nett umgeben von Mischwäldern, Feldern, einem Moorgebiet. Eine Uhrenfabrik mit ausreichend gefüllten Auftragsbüchern bildet die Existenzgrundlage der meisten Bewohner. Die Arbeitslosigkeit ist sehr niedrig, es gibt kaum Kriminalität, die Lebensqualität ist gut.

Dann folgt ein Experiment: Der Bürgermeister bekommt weitreichende Vollmachten, ähnlich einem mächtigen Präsidenten. Er kann über die Geschicke der Fabrik bestimmen (sie befindet sich in kommunaler Hand), Steuersätze und Mieten festlegen, hat viele und umfangreiche Eingriffsmöglichkeiten. Er wird jeweils auf zehn Jahre gewählt, die im Zeitraffer verlaufen. 48 unterschiedliche Bürgermeister dürfen sich an diesem Szenario versuchen.

Das Resultat? Ernüchternd. Und erhellend. Manche machten einen guten Job, anderen entglitt das Geschehen nach anfänglichen, teuer erkauften Erfolgen völlig: Die Arbeitslosenzahl explodierte, Wohnungsnot griff um sich, viele Jugendliche gerieten aufs schiefe Gleis, die Produktion in der Fabrik brach ein, der Handel darbte. Die Einwohner flüchteten in Scharen aus der Kleinstadt.

Lohhausen existierte nur im Computer. Eine Simulation von mehreren, mit denen der deutsche Psychologe Dietrich Dörner das Verhalten von Menschen in komplexen Situationen untersuchte. Ein anderes seiner Szenarien spielte in Tanaland, einer fiktiven Gegend in Westafrika. Dort sollten die Versuchspersonen den Moro, einem Halbnomadenvolk in der Sahelzone, zu besseren Lebensbedingungen verhelfen. Das ging vielfach ziemlich schief, führte die Moro in Hungersnöte und schreckliche Säuglingssterblichkeit, dezimierte ihre Viehherden, erschöpfte die Grundwasservorräte. Anfangs gab es nur Probleme. Kurzfristig schien sich die Lage nach aktionistischen Eingriffen etwas zu bessern. Dann ging es meist rasch bergab. Es folgten heftige Krisen, und die führten schließlich in Katastrophen. Und die mutmaßlichen Entwicklungshelfer? Reagierten teils verwundert, teils resigniert, manchmal auch erschreckend zynisch und emotional abgestumpft: *«Da sterben ja wohl hauptsächlich die Alten und Schwachen, und das ist gut für die Bevölkerungsstruktur!«*

In komplexen Systemen wie Lohhausen oder Tanaland hat jede Entscheidung nicht nur eine Konsequenz, sondern unterschiedlichste Auswirkungen auf eine beachtliche Anzahl weiterer Größen. Welche genau, ist weder annähernd bekannt, noch ist es leicht ersichtlich. Alle Variablen stehen mit vielen weiteren in Wechselwirkung – ein riesiges Netzwerk, der Inbegriff von Komplexität. Man kann durch Eingriffe in solche Systeme nie nur eine Sache verändern. Immer verändert sich vieles andere mit. Darüber hinaus kann man das, was man tatsächlich verändern möchte (etwa die Zufriedenheit der Lohhausener oder die Lebenserwartung der Moro), nicht direkt beeinflussen. Man kann es immer nur indirekt, über andere Variablen. Aber über welche? Und wie werden die Nebenwirkungen aussehen?

Übertragen auf die reale Gegenwart: Auch Phänomene wie beispielsweise der Terrorismus (oder die zunehmende Spaltung von Gesellschaften oder hohe Arbeitslosenraten) lassen sich nicht unmittelbar beeinflussen. Man bekommt das nicht direkt in den Griff. Es ist völlig unmöglich. Da helfen noch so viele bewaffnete Sicherheitskräfte, Überwachungskameras und wachsame Mitbürger nicht, und auch keine strikten Einreisebestimmungen. Man muss an die Größen ran, die den Terrorismus entstehen und wachsen lassen und ihn aufrecht erhalten. Und an die Größen, die wiederum diese Größen beeinflussen. Das ist schwierig zu durchschauen, und alleine ist es völlig unmöglich. Es ist zäh, mühselig, langwierig, und kostet Unsummen. Populär ist es auch nicht. Obendrein ist es Teilen der Öffentlichkeit schwierig zu vermitteln. Aber es ist die Realität in einer Welt, die immer komplexer wird. Und es ist die Mühe wert.

Handelnde in komplexen Systemen können nicht ansatzweise alle Einflussgrößen und Zusammenhänge sehen. Vieles ist intransparent, findet in einer Art schwarzer Kiste statt, ist bestenfalls als vorläufige Annahme erschließbar. Ein komplexes Geflecht, das sich von selbst völlig autonom dynamisch weiterentwickelt, auch ohne jeden äußeren Eingriff. Positive Rückkoppelungsschleifen innerhalb von Systemen können für eskalierende Aufschaukelungsprozesse mit hoher Eigendynamik sorgen. Systeme können somit von selbst auf kritische Zustände hinsteuern, ohne dass irgendjemand etwas getan oder gezielt eingegriffen hätte. Dadurch kann für Verantwortliche beträchtlicher Zeit- und Handlungsdruck entstehen.

Dörner`s Versuche demonstrieren eindrücklich, wie komplexe Situationen gegen die Wand gefahren werden können. Schlechte Versuchspersonen gaben sich nicht ausreichend Mühe, die Verhältnisse in ihrer Breite gründlich zu analysieren. Es wurden zwar - häufig sehr isolierte - Vermutungen über Zusammenhänge angestellt, aber in der Folgezeit nicht angemessen überprüft. Man befand eilends für bewiesen, was lediglich diffus vermutet wurde; Annahmen mutierten zu Wahrheiten. Vom aktuellen Zustand der Gesamtsituation wurde gerne statisch auf die

Zukunft geschlossen, ohne Vorstellungen über das Prozesshafte der Situation zu entwickeln. Der Fokus wurde darauf gelegt, was gerade ist, und nicht, wo das Ganze mit seiner Eigendynamik hin will. Mögliche Fern- und Nebenwirkungen des eigenen Handelns wurden nicht berücksichtigt. Man dachte: »*Ich habe ja jetzt verstanden, wie der Hase läuft. In Zukunft brauche ich nur noch entscheiden und handeln.*« Anfängliche Neugier fand ihren baldigen Tod im vermeintlichen Wissen um den Status quo. Weiteres Nachfragen und beständiges immer-wieder-neu-Verstehenwollen gab es nicht. Auch wurden weniger Möglichkeiten zur positiven Beeinflussung der Geschicke entdeckt und in Entscheidungen umgesetzt. Gewissermaßen herrschte also Ideenarmut. Tauchten Probleme auf, sprang man lieber weiter zu anderen Themenfeldern, die scheinbar leichter zu handhaben waren. Ablenkungen von kniffligen Problemlagen wurde bereitwillig angenommen. Man fokussierte sich lieber auf einzelne Projekte, die sichtbare Ergebnisse versprachen. Dabei wurde regelmäßig das große Ganze aus dem Blick verloren. Überdies zeigten schlechte Versuchspersonen wenig Neigung, strukturiert vorzugehen und sich gelegentlich Gedanken über das eigene Verhalten zu machen. Dafür verlagerte man die Verantwortung gerne von der eigenen Person weg. Alles in allem waren schlechte Versuchspersonen somit doch in einem, zweifelhaften Bereich sehr erfolgreich. Sie verstanden es, Konfrontationen mit Unbestimmtheit und Ambivalenz aus dem Weg zu gehen und der eigenen Ohnmacht, Ideenlosigkeit und Unzulänglichkeit möglichst nicht ansichtig zu werden.

Stattdessen flüchtete man sich auf Inseln der Bestimmtheit und Sicherheit.

Das kommt einem verdächtig bekannt und aktuell vor, nicht wahr? Dabei ist es 40 Jahre her. Die Welt war damals, wenigstens verglichen mit heute, noch recht übersichtlich. Der Blick aus dem Fenster verrät: Die Komplexität, Vernetztheit, Dynamik und Intransparenz der Welt und aller ihrer einzelnen Bereiche hat seitdem in unvorstellbarem Maße zugenommen. Die Kompetenzen im Umgang mit einer derart veränderten Welt haben sich leider nicht im selben Maße verbreitet, im Gegenteil. Lohhausen ist heute überall. Die Katastrophen von Tanaland finden dieser Tage in globalem Ausmaß statt.

Wie soll man selbst damit umgehen? Was können Sie, lieber Leser, tun?

Die Geschwindigkeit, Vernetztheit und Komplexität der Welt mag schwindelerregend sein – aber nur, wenn man sich zu sehr an überkommenen statischen Vorstellungen von ihr festklammert. Dann beschwört man Krisen herauf, arbeitet als ein Rädchen mit an ihrer Aufzucht. **Es bringt nichts, sich nach einer vermeintlich „einfachen" Welt zurückzusehnen.** Wer mit einer komplexen Welt und ihren Ereignissen klarkommen will, der muss aufhören in einfachen, mechanischen Ursache-Wirkungs-Bildern zu denken. Hoher Komplexität kann man nicht mehr alleine, muss man heute aber auch nicht mehr alleine begegnen. Denn die Welt ist ein spannender Ort, der jeden Tag neue Kooperationsmöglichkeiten zur Bewältigung der anstehenden Aufgaben bereithält. Kooperation mit anderen ist heute so einfach wie nie zuvor – gerade dank

Komplexität und Vernetztheit, dank internationalem Austausch und sozialer Netzwerke! Wenn Sie die Dinge, gerade auch die Krisen, verstehen wollen, dürfen Sie nicht den Fehler begehen diese zu isolieren und dann zu sezieren. Betrachten Sie hingegen die Einbettung der Ereignisse in das große Ganze. Wer beispielsweise das Verhalten eines Schiedsrichters verstehen will, darf sich nicht ausschließlich auf ihn konzentrieren. Er muss das ganze Spielfeld in Augenschein nehmen, das Stadion, die Welt des internationalen Fussballs, der technischen Umwälzungen, usw. **Bilden Sie sich nie ein, etwas endgültig durchdrungen und verstanden zu haben. Denn die Dinge entwickeln sich stets dynamisch von selbst weiter. Deshalb: Bleiben Sie neugierig!** Hören Sie nie auf zu fragen, sowohl sich selbst, als auch andere. In unserer heutigen Welt dürfen Analysieren und Verstehen nicht mehr als abgeschlossene Vorgänge mit einem Anfang und einem Ende gedacht werden. **Wenn Sie die heutige, krisenhafte Welt wirklich verstehen wollen, dann verabschieden Sie sich von dem Satz „ich habe verstanden". Verstehen ist ein unendlicher Prozess, der niemals aufhören darf.**

*

»I don`t like to analyze myself because I might not like what I see.«

Donald Trump
45. Präsident der USA
(im Interview mit seinem Biografen Michael D`Antonio)

Das Ende der Intuition

Der Blick geht nach unten, steigt die Kellertreppe der Turnhalle hinab. Jenseits des Treppenabsatzes dominieren Körperflüssigkeiten die Szenerie. Eine Lache, wässrig, unscheinbar: Urin. Leicht beißender Geruch steigt in die Nase. Angrenzend ein See von Blut. Daneben das Jagdgewehr. Darin der leblose Körper. Der Hinterkopf fehlt.

Manche Herausforderungen des Lebens sind nur gemeinsam, kooperativ zu bewältigen. Eine davon ist der gewaltsame Tod von Menschen. Die Eltern schreien. Ich versuche sie davon abzuhalten hinunterzustürzen und den Körper in ihre Arme zu schließen. Irgendwie gelingt es mir, sie in eine Ecke mit ein paar Stühlen zu lenken, sie hinzusetzen. Gleichzeitig rufe ich die Polizei an. Ich mache meine Arbeit als Psychologe: Begleite das Unbegreifliche, halte das nicht Erträgliche mit aus, stütze, versuche Orientierung im Chaos zu geben, helfe behutsam Worte zu finden, biete vorsichtig dosiert Anteilnahme an. Die alte Normalität der Eltern ist kollabiert, die *persönliche* Krise ist da.

Bereits zehn Minuten später fallen Profis einer anderen Art über den Schauplatz her. Der Kriminaldauerdienst besetzt das Gebäude, zwingt dem Geschehen seine Logik auf, eine völlig andere als meine psychologische. Die Kommissare löchern die völlig verzweifelten Eltern ohne erkennbare Empathie mit Fragen: Was ist geschehen? Wer ist der Tote? Woher stammt die Schusswaffe? Wenn es möglicherweise doch nicht Selbsttötung war: Hatte der Sohn Feinde? Wie war die Beziehung der Eltern zum Sohn? Eine endlose Salve sachlicher, ermittlungstechnischer Notwendigkeiten hagelt auf die Eltern nieder.

Die Kriminalisten sind noch damit beschäftigt Spuren zu sichern, Fotos anzufertigen, Befragungen durchzuführen, da versucht der Hausmeister der Halle sich immer nachdrücklicher Gehör bei den Beamten zu verschaffen. Wann denn die Halle wieder für den normalen Betrieb freigegeben werde? Schon in zwei Stunden stehe ein Sportverein auf dem Hallenplan, und morgen früh sei ja auch wieder Schulsport. Schließlich sei er dafür verantwortlich, dass sich die Halle stets in ordnungsgemäßem Zustand befinde. Wer denn jetzt dafür sorge trage, dass alles wieder sauber werde? Ob er das ...? Oder die Reinigungskräfte?

Im Zusammenspiel der unterschiedlichen gesellschaftlichen Systeme hat jedes Subsystem seine eigene Logik, eigenen Werte und Tabus. Nur wenn jedes System seine grundlegenden Prinzipien achtet, hat es überhaupt eine Daseinsberechtigung und kann die zugedachte gesellschaftliche Funktion erfüllen. Wollen die unterschiedlichen Teilsysteme gut zusammenarbeiten, müssen sie die Funktionsweisen der jeweils anderen achten. Wenn ich der Polizei meine Prinzipien von Empathie und Behutsamkeit als höchsten Wert aufdrücken wollte, würde ich damit verhindern, dass sie ihre rechtsstaatlichen Aufgaben angemessen erfüllen können. Ermittlungsarbeit muss zwingend an Sachlichkeit orientiert sein. Genauso muss akzeptiert werden, dass ein Hausmeister sich in erster Linie um die Aufrechterhaltung des bestimmungsgemäßen Gebrauchs der ihm anvertrauten Gebäude sorgt (wobei etwas Taktgefühl gewiss auch nicht schadet).

Schwierig wird die Angelegenheit, wenn die Logik eines Systems dem Alltagsverstand vieler Menschen nicht mehr entspricht, möglicherweise sogar kontraintuitiv erscheint – und viele Menschen trotzdem davon ausgehen, die Welt mit ihrem „gesunden Menschenverstand", ihrer „Intuition" verstehen zu können. Und das ist zunehmend der Fall. **Je rascher die Vernetzung der Welt voranschreitet, desto mehr entstehen funktionale Subsysteme, jedes mit eigenen Prinzipien. Das verlangt, dass wir unser Alltagsverständnis, unsere gefühlten ›Wahrheiten‹ nicht ungeprüft auf andere Bereiche übertragen.** Nicht einmal von einem Menschen auf den anderen. Das fällt mitunter recht schwer, vor allem in Krisen.

Systemkrisen, wie beispielsweise Banken- oder Währungskrisen, unterscheiden sich in einem wichtigen Aspekt von den Krisen der persönlichen Lebenswelt, wie beispielsweise einem gewaltsamen Todesfall, oder dem plötzlichen Verlust der Arbeitsfähigkeit. Wenn jemand einen Menschen verliert, oder eine körperliche Behinderung erfährt, fühlen wir, was gebraucht wird, was guttut, was helfen könnte. Wir können es intuitiv verstehen.

Systemkrisen können wir mit dem Gefühl hingegen nicht angemessen erfassen. **Systemkrisen erfordern zu ihrer Bewältigung den analytischen Verstand, und nicht den Alltagsverstand.** Systemkrisen sind aber leider auch das Lieblingsbetätigungsfeld von Lobbyisten, Populisten und anderen zwielichtigen Profiteuren. Allen gemein ist, dass sie den übermäßigen Gebrauch des Verstandes seitens der Bevölkerung nicht sonderlich schätzen. Gezielt aktivieren sie durch den virtuosen Gebrauch von Sprachbildern, Analogien und Metaphern Gefühle in ihren Zuhörern, die ihren eigennützigen Interessen dienen. Geht die emotionale Beeinflussung auf, befürwortet die Bevölkerung plötzlich völlig falsche Maßnahmen im Umgang mit Systemkrisen.

Lobbyisten impften in der Vergangenheit breiten Bevölkerungsschichten erfolgreich ein, dass das Bankensystem ›krank‹ sei. Aber nur Lebewesen wie der Mensch können erkranken. Banken sind jedoch keine Menschen, die ›gestützt‹ werden müssten. Der Finanzsektor ist kein ›Organismus‹, dem das ›Blut ausgeht‹. Die Metaphern sind falsch, verführen zu falschen Lösungsideen, wie massiven ›Geldinfusionen‹ zur ›Bankenrettung‹, um sie am ›Leben zu erhalten‹. Die rationale Betrachtung der Tatsachen zeigt: Banken sind Dienstleistungsunternehmen für Privatpersonen und die Wirtschaft. Entweder funktionieren sie und erfüllen ihre Aufgaben, oder sie tun es nicht. Dann müssen sie abgewickelt werden. Ein Bankensystem als Ganzes funktioniert, oder eben nicht. Dann muss die Systemarchitektur, müssen die Regeln demokratisch legitimiert geändert werden. Heute *humanisieren* PR-Strategen und Lobbyisten Banken und Konzerne, und appellieren an unser Mitgefühl, um sie zu ›retten‹. Es ist eine altbekannte Strategie. Hitlers Reichspropagandaminister Goebbels verwendete sie genau anders herum. Er *dehumanisierte* Juden, Sinti und Roma, indem er sie als ›Kakerlaken‹ darstellte, ihnen das Menschliche absprach.

Ein weiteres erschreckendes Beispiel stammt von der deutschen Kanzlerin Angela Merkel. Auf dem CDU-Parteitag 2008 lud sie mit ihrem berühmt-berüchtigten Bild der ›schwäbischen Hausfrau‹ dazu ein, das finanzielle Laienwissen um sparsames Führen eines Haushaltes unreflektiert auf ganze Volkswirtschaften zu übertragen. Merkel und ihr Finanzminister Wolfgang Schäuble machten es zum Leitmodell für die gesamte Eurozone. Mitten in der Wirtschaftskrise sollten die Länder ihre Wirtschaftskreisläufe gesund knausern. Wenn sich aber viele Länder so verhalten und sparen, wird dem Wirtschaftskreislauf immer mehr Geld entzogen, alle sparten sich auf diese Weise gemeinsam immer weiter in die Rezession hinein. Ist das Bild erst einmal in den Köpfen, hilft es wenig, dass selbst Nobelpreisträger wie der amerikanische Ökonom Paul Krugman fundiert gegen Austeritätsmaßnahmen in Zeiten der Rezession argumentieren.[3] Bilder sind mächtiger als Worte. Am Ende solcher Entwicklungen ist der Katzenjammer dann immer groß und man hört viele sagen „Das konnte doch wirklich keiner ahnen!". *Ahnen* nicht. Aber *wissen* hätte man es können.

Alltagsintuition, und somit Gefühle, können völlig fehlleiten, kommen sie im falschen Bereich zur Anwendung. Intuitiv käme beispielsweise niemand auf die Idee, jemand mit einem scharfen Werkzeug die Brust aufzuschlitzen, um ihm zu helfen. Ich kannte einmal einen sehr einfühlsamen Kinderherzchirurgen. Er wusste, dass es intuitiv erstmal nicht verständlich ist, warum man zum besten mancher Kinder scharfe Messer gegen ihre zarten Körper führen sollte. Hatte er ein Kind erst einmal persönlich kennen gelernt, konnte er es nicht mehr operieren. Sein Mitgefühl verbot es ihm, die Knochensäge anzusetzen. Die empathische Infizierung, diese im Alltag wichtige und völlig richtige Fähigkeit war so mächtig, dass er mit seinem chirurgischen Verstand nicht dagegen ankam. Er war schlau genug, die Kinder erst nach der Operation kennen zu lernen. Körper konnte er aufschneiden. Lebenswillige, süße Kinder jedoch nicht. Er wusste, dass seine Alltagslogik im OP nichts zu suchen hatte, und er sorgte dafür, dass sie draußen blieb.

Leider ist nicht jeder so schlau und verantwortungsvoll, Verstand und Gefühl bewusst im jeweils passenden Bereich zur Anwendung zu bringen und im unpassenden herauszuhalten.

Viel zu häufig lassen sich Menschen von der Suggestivkraft einfacher Sprachbilder verführen, die ihre Alltagsintuition ansprechen. Hochkomplexe Situationen sollen so durch eindringliche, falsche Analogien scheinbar fassbar werden. Kriegsflüchtlinge werden von verantwortungslosen Politikern zu einer ›Flut‹ erklärt, die uns ›überrollt‹ und ›zu ertränken‹ droht. Opfer von Gewalt und Verfolgung, die Schutz und Menschlichkeit suchen, werden so höchst perfide zu einer gefährlichen ›Bedrohung‹ stilisiert. Denn was soll man schon machen, wenn eine Flut das eigene Haus, den eigenen Ort bedroht. Die Wassermassen auf alle Zimmer, auf möglichst viele Häuser verteilen? Das wäre kontraintuitiv. Der evolutionär verankerte Überlebenswille verbietet das! Dann besser Dämme bauen, Schutzwehre errichten. Die hereindrängenden Massen wieder abpumpen. Sich selbst, irgendwelche diffusen europäischen Werte, den europäischen Lebensstil gegen die ›Bedrohung schützen‹. Ich schäme mich dieser Tage gelegentlich, ein Europäer zu sein.

Sprachbilder lenken unser Denken, bilden die Grundlage für das, was ›vernünftigerweise‹ auf Handlungsebene getan werden sollte, gefühlt getan werden muss.[4] **Aber Intuition funktioniert nur dann angemessen in komplexen, krisenhaften Situationen, wenn sie exakt in dem Systembereich** zur Anwendung kommt, in dem sie einst als verdichtetes, gefühltes, bewährtes Handlungswissen gereift ist. Ansonsten gilt: Verstand einschalten. Erstmal nachdenken. Jedem Bereich, jeder neuen Situation eine eigene Logik zugestehen.

Die Verwechslung von unterschiedlichen Systemen und ihren Logiken hat längst tragische globale Folgen: Donald Trump zog es vor, seinen Anhängern das komplexe System der internationalen Politik schlicht als System von »Deals« zu erklären, bei denen der Stärkere gewinnt. So hatte er es in der Bau- und Immobilienbranche gelernt und praktiziert, und so konnten es seine Wähler intuitiv nachvollziehen und ihn ins Amt spülen. Zwischentöne, humanistische Werte, Befindlichkeiten, unterschiedliche kulturelle Haltungen und vielschichtige wechselseitige Abhängigkeiten waren in seiner Logik nicht vorgesehen. Millionen ließen sich von dieser schlichten Klarheit, tragischen Ignoranz und gefährlichen Blindheit anstecken und in die kollektive geistige Umnachtung schicken.

Das altbekannte Zitat von Kurt Tucholsky »*Das Volk versteht das meiste falsch; aber es fühlt das meiste richtig*« mag in früherer Zeit noch in gewissem Maße zugetroffen haben. Heute jedoch leitet es häufig völlig fehl: **Je mehr die Komplexität und Dynamik der Welt ansteigt, desto mehr fühlt uns die Intuition in Krisenzeiten in die Irre.** Die viel beschworene Schwarmintelligenz hat sich leider schon zu häufig als Schwarmdummheit erwiesen.

Wenden wir uns nun einigen Gedankenexperimenten zu, lieber Leser, um Ihre ganz individuelle Intuition zu testen. Fangen wir hiermit an: Angenommen Sie hätten die Wahl zwischen folgenden Optionen:

A) Ich gebe Ihnen einen ganzen Monat lang jeden Tag 1.000 €, bar auf die Hand. Oder ...

B) ... ich gebe Ihnen am ersten Tag des Monats 1 Cent. Am zweiten Tag des Monats verdoppele ich auf 2 Cent, am dritten verdoppele ich wieder, dann auf 4 Cent, usw., bis zum Ende des Monats.

Nun schnell, greifen Sie zu! Welche Variante wählen Sie?

Hier die Auflösung: Bei Variante A haben Sie nach 30 Tagen 30.000 € in der Tasche. Und bei Variante B, der täglichen Verdoppelung? Haben Sie nach einem Monat unglaubliche 10.737.418,23 €. Und? Hat Ihnen Ihre Intuition die richtige Antwort gewiesen?

Ein weiteres Gedankenexperiment. Ein normales Blatt 80g-Papier ist ziemlich genau 0,1 mm stark. Sie falten es, wieder und wieder. Wenn Sie es 50-mal falten könnten, wie dick wäre es dann?

Was sagt Ihre Intuition hier? Schätzen Sie!

Die richtige Antwort: Das Blatt wäre über 56 Millionen Kilometer stark. Das entspricht dem 146-fachen Abstand Erde – Mond.

Nachdem das Vertrauen in Ihre Intuition nun einen gewissen Dämpfer bekommen haben dürfte, möchte ich Ihnen die Legende von der Erfindung des Schachspiels erzählen:

Im dritten Jahrhundert nach Christus lebte in Indien der tyrannische Herrscher Shihram. Der weise Brahmane Sissa ibn Dahir erfand das Spiel, um dem König klar zu machen, dass er ohne andere Mitspieler (Bauern, etc.) nichts ausrichten kann. Die Botschaft kam an. Der Herrscher wurde milder und ließ das Spiel im ganzen Land verbreiten. Aus Dankbarkeit für diese wunderbare Verbindung von Weisheit und Unterhaltung gewährte er Sissa einen beliebigen Wunsch. *»Ich wünsche mir nichts, als eine gewisse Menge Reis. Auf das erste Feld eines Schachbrettes legt mir ein Korn, auf das zweite zwei. Dann nehmt mit jedem weiteren Feld wieder eine Verdoppelung vor.«* Der König war ein wenig erbost ob dieses offenbar kläglich geringen Wunsches. Dennoch schickte er Sissa in die Vorratskammer: *»Dann hole er sich eben seinen lächerlichen Sack Reis dort ab!«* Der Vorsteher der Kornkammer musste jedoch passen. Die Hofmathematiker hatten eine Menge von über 18 Trillionen Körnern errechnet. Das sind 540 Milliarden Tonnen und entspricht dem fast 900-fachen der heutigen, jährlichen Weltreisernte.

Exponentielle Entwicklungen zeigen ihre Wucht auch im Zinseszinseffekt. Hätte Josef von Nazareth seinem Sprössling Jesus bei dessen Geburt ein Sparkonto mit einer Starteinlage von 1 Cent zu 5 % p.a. auf 2000 Jahre angelegt, wäre dies durchaus lukrativ gewesen. Hätte Jesus zur letzten Jahrtausendwende wieder einmal bei seiner Sparkasse vorbeigeschaut, er wäre mit biblischen Ausmaßen konfrontiert gewesen:

23.911.022.046.136.200.000.000.000.000.000.000.000.000

€. Dafür hätte man mehr als eine Millionen Sonnen aus purem Gold kaufen können. Hätten Sie das *geahnt?* Und da wollen Regierungen, Zentralbanken und Lobbyverbände den Menschen erzählen, dass die Wirtschaft auf Dauer mit mehreren Prozent im Jahr wachsen könnte? Nicht im Ernst, oder?

Mittlerweile dürfte Ihre Intuition einen heftigen Drehschwindel entwickelt haben. **Offenkundig haben wir kein Gespür für exponentiell verlaufende Entwicklungen.** Die Evolution hat uns diese Fähigkeit nicht mitgegeben, und es war auch nicht nötig. Die menschliche Lebenswelt war Jahrtausende lang von zyklischen Entwicklungen, in begrenzten Zeitabschnitten gelegentlich auch linearen Verläufen, geprägt. Im Frühling vermehrte sich das Grün, dann reiften Früchte heran. Im Herbst verblühte alles wieder, Laub fiel und vermoderte. Dann erstarrte die Vegetation für die Winterzeit, bevor alles von Neuem begann. Sammelte man einen Tag lang Beeren, hatte man einen großen Korb voll. Nach zwei Tagen waren es zwei Körbe, nach drei vielleicht drei Körbe. Eine lineare Zunahme. Und dann war auch langsam Ende mit der Lese, die Früchte in der Gegend waren abgeerntet.

Heute ist das fundamental anders. **Wir haben es vielfach mit ungebremster Steigerung und sich aufschaukelnden Prozessen zu tun:** Die Weltbevölkerung wächst ungebremst. Der weltweite Datenverkehr tut es, das Internet, die Zahl der Patentanmeldungen, die Kommunikation, die Treibhausgase in der Atmosphäre. Die Zahl der Menschen auf der Flucht tut es auch, ebenso die Geldmenge verschiedenster Währungen und die Schuldenstände in den meisten Ländern. Die Geldströme ebenfalls, längst haben sie sich von den Warenbewegungen entkoppelt. Unglaublich Vieles nimmt rasend schnell zu.

Man weiß nicht genau, was alles ›nur‹ linear zunimmt, und was hingegen droht ungehemmt ansteigenden exponentiellen Verläufen zu folgen. Nimmt die Sache mit der Klimaerwärmung doch noch einen glimpflichen Verlauf, wenn man nur die industriellen Treibhausgasemissionen reduziert? Oder ist durch den bereits erfolgten globalen Temperaturanstieg eine kritische Schwelle überschritten worden? Es wäre denkbar, dass bisher in Permafrostböden gebundenes CO^2 durch Auftauen freigesetzt wird. Oder dass die Aufnahmekapazität von Waldgebieten, natürlichen Kohlestoffspeichern, durch den Temperaturanstieg rascher erschöpft ist. Man kann nie sicher sein, ob und wo positive Rückkoppelungsschleifen, wo exponentielle Prozesse drohen, oder bereits im Gange sind. Dann würde sich das Tempo der Zunahme weiter steigern. Der intuitive Zugang zum Exponentiellen fehlt uns. Die Entwicklungen sind abstrakt, nicht greifbar. Wir haben kein Gespür für sie und ihre Ausmaße. Die realen Krisen von morgen lauern schon heute hinter abstrakten Exponentialfunktionen.

Was exponentiell wächst, lässt sich nicht mehr beherrschen, wenn es keine natürlich begrenzenden Faktoren gibt. Die Physik bietet das folgenschwere Beispiel der Atombombe: Ein Neutron beschießt Uran 235. Es wird zu instabilem Uran 236, zerfällt. Drei weitere Neutronen werden frei, treffen wieder auf Uran 235, usw. Gewaltige Energiemengen werden schlagartig freigesetzt. Die Zerstörungskraft des Exponentiellen ist unfassbar. Erst wenn die Ressourcen der rasenden Entfaltung erschöpft sind, kommt der Prozess zum Erliegen. Bei der Kernspaltung ist dies der Fall, wenn das Uran aufgebraucht ist. Bei manchen bösartigen Tumoren ebbt das ungehemmte, exponentielle Wachstum ab, wenn die Blutversorgung des Gebietes nicht mehr mitkommt, nicht mehr genug Nachschub vorhanden ist. Oder spätestens, wenn der Organismus tot ist.

Das Streben nach immer mehr in unterschiedlichsten Domänen, mehr Wissen, mehr Kapitalansammlung, mehr technischen Möglichkeiten, etc., hat die Büchse der Pandora weit geöffnet. Das Resultat: explodierende Komplexität, überall mehr und immer schneller, bei gleichzeitig begrenzten menschlichen Möglichkeiten und endlichen natürlichen Ressourcen.

Am Anfang der Moderne stand die Idee der Verbesserung von Lebensumständen, bei freier Selbstentfaltung und weitreichender Eigenverantwortlichkeit. Aus dem Verbesserungsgedanken ist die Norm der ungebremsten Steigerung geworden. Eine Art Reifegrad, vielleicht Konsolidierung, oder wenigstens irgendwie innehalten? Ist bislang nicht vorgesehen. Die Entwicklungen haben sich von ihren ursprünglichen, aufklärerischen Idealen entkoppelt. Der Steigerungsgedanke ist heute zum Selbstzweck verkommen, jeder Preis scheint gerechtfertigt. Der anfängliche Zauber vieler Entwicklungen ist längst zum Fluch geworden. Die Dosierungen sind zunehmend toxisch, mitunter haben sie bereits tödliche Auswirkungen. Das rechte Maß ist zu Gunsten des Imperativs nach »Mehr! Immer mehr!« abhandengekommen.

Es erinnert an das Märchen ›der süße Brei‹ der Gebrüder Grimm. Ein hungerndes Mädchen bekommt von einer gütigen alten Frau einen Zaubertopf geschenkt, der auf Kommando süßen Brei zubereitet. Damit ist der Hunger besiegt. Als das Mädchen einmal aus dem Hause ist, befiehlt die

Mutter dem Topf »*Töpfchen, koch!*« Den zweiten Spruch, zur Beendigung des Zaubers, weiß sie jedoch nicht. Erst das unschuldige Kind, die kommende Generation, kann nach seiner Heimkehr mit den Worten »*Töpfchen, steh!*« das Unheil zum Stillstand bringen. Da ist die kleine Welt, bis auf ein Haus, aber schon unter Brei begraben. Wer sich von nun an in dieser Welt bewegen will, muss sich durchessen.

Ähnlich ergeht es Goethes Zauberlehrling: Der alte Meister ist außer Haus. Sein Lehrling nutzt die Gelegenheit, will nun auch einmal Magier sein. Er scheut die Mühe, selber am Fluss Wasser holen zu müssen. Geschwind verzaubert er einen Besen, macht ihn zum Knecht, lässt ihn die Arbeit erledigen. Der Besen ist jedoch nicht mehr zu stoppen. Holt Wasser bis »*hundert Flüsse*« über den Lehrling hereinstürzen. Nicht einmal das Beil kann den Horrorbesen stoppen. Die Grenzsetzung mit brachialer Gewalt will nicht funktionieren. Stattdessen entstehen zwei neue Besen, die Geschwindigkeit der Entwicklungen verdoppelt sich noch einmal. Erst die Weisheit des Meisters vermag den Albtraum mit den richtigen Worten zu beenden.

Die Gegenwart sieht sich ebenfalls mit solchen scheinbar jeglicher Kontrolle entgleitenden Momenten konfrontiert. Doch wer ist der Meister heute? Der Ruf nach starken Männern und Frauen ertönt im Angesicht der vielfältigen, eskalierenden Krisensituationen immer lauter. Aber das Warten auf vermeintliche Heilsbringer ist jedoch höchst gefährlich. Autoritarismus ist nicht Teil der Lösung für ungebremste Entwicklungen.

Was es heute braucht, ist das Verständnis für positive Rückkoppelungen, also sich selbst verstärkender Vorgänge, in breiten Bevölkerungsschichten und den Führungseliten. **Im Angesicht stetig wachsender Möglichkeiten braucht es kluge gesellschaftliche und auch persönliche Mechanismen der Selbstbeschränkung.** Es braucht frühzeitige Indikatoren und Stoppsignale für sich selbst aufschaukelnde Prozesse. Es braucht Beschränkungen der Nährböden von Eskalationsschleifen. Und zwar möglichst *bevor* Prozesse in Gang gesetzt werden, oder sich von selbst in Gang setzen.

Keine Atomexplosion ohne angereichertes Uran, keine Flucht ohne Not, keine Klimaerwärmung ohne Treibhausgase, keine Schuldenexplosion ohne grenzenlosen Reichtum, keine sozialen Unruhen ohne Ungerechtigkeit, kein Terror ohne Hass, keine freiwilligen Freiheits- und Demokratieeinschränkungen ohne Angst und Sicherheitsillusionen. **Es gibt zahlreiche Ansatzpunkte, um solche kritischen Entwicklungen zu entschärfen. Der Verstand führt auf ihre Spur.** Wirklich populär sind die meisten Maßnahmen nicht, die man aus den genannten Ansatzpunkten ableiten kann. Ruhm oder Macht versprechen sie auch nicht. Und kurzfristige Wirksamkeit ist ebenfalls nicht zu erwarten. Richtig bleiben sie trotzdem. Steter Tropfen höhlt den Stein.

Aber was kann jeder einzelne tun, was könne Sie, lieber Leser, tun? **Je komplexer und dynamischer ein System ist (Klima, Börsen, Internet, etc.) desto eher sollten Sie mit sich rasch aufschaukelnden, exponentiellen Entwicklungen rechnen. Verlassen Sie sich nur dann auf Ihre Intuition, wenn Sie tatsächlich Erfahrung in dem Bereich haben, indem Sie zur Anwendung kommen soll. Hüten Sie sich vor Sprachbildern, die Ihre Intuition ansprechen oder in Form von Analogien versuchen, ihre Alltagslogik auf einen** anderen Bereich zu übertragen. Und verwenden Sie Ihre Intuition nur dort, wo Sie problematische Situationen vermuten, nicht aber in Krisen. Denn die zeichnet ja gerade aus, dass das bisherige nicht mehr gilt und funktioniert. Auch nicht die Intuition. Denn Intuition ist konservativ. Verlassen Sie sich dann lieber auf Ihren Verstand, erstaunlicherweise insbesondere dann, wenn es sich kontraintuitiv und geradezu verrückt *anfühlt*, was er Ihnen rät.

„Warum hat uns niemand gewarnt?"
Die Illusion der Vorhersehbarkeit

E s wäre wunderbar, wenn man Krisen vorhersehen und rechtzeitig verhindern könnte, nicht wahr, lieber Leser? In letzter Zeit zeigt sich jedoch, dass der Blick in die modernen Glaskugeln mit den wenige Zeit später tatsächlich stattfindenden Entwicklungen immer weniger zu tun hat. Big Data oder die jährlichen Gutachten der Wirtschaftsweisen, Wahlprognosen oder die Vorhersage technischer Entwicklungen: Viele Prognosen sind kaum das Papier wert, auf das sie gedruckt werden. Beunruhigt Sie das? Auf was soll man sich da noch verlassen? Wie soll man sich auf die Zukunft einstellen? Und woran liegt die zunehmende Unzuverlässigkeit der Prognosen?

Im Alltag finden sich reichlich Beispiele für die exponentielle Zunahme der Komplexität und Vernetzung der Welt, in jedem Land. Nehmen wir Italien. Die Haushalte dort sind flächendeckend mit ›intelligenten‹ Stromzählern versehen. Diese Dinger sind in ein umspannendes Kommunikationsnetz eingebunden. Sie übermitteln den Hochleistungsrechnern der Stromkonzerne automatisch die aktuelle Nutzung. Dadurch können die Computer möglichst effizient Kraftwerke hoch- oder herunterfahren und die Energienetze ressourcenschonend steuern.

Soweit die aktuelle Praxis. Was könnte jedoch theoretisch geschehen, wenn hier plötzlich falsche Daten gesendet werden? Vielleicht aufgrund eines simplen Programmierfehlers, oder, wie in dem spannenden Thriller ›Blackout‹ von 2012 durch einen Hackerangriff?

Der Autor Marc Elsberg hat gründlich recherchiert und die Idee auf realer Basis fiktiv weiterverfolgt. In Elsbergs Gedankenspiel bricht das italienische Stromnetz zusammen. Es ist keine isolierte Struktur, sondern eingewoben in das System der europäischen Stromnetze. Auch dieses bricht zusammen. Die Menschen stecken in Fahrstühlen fest. Plötzlich gehen auch in Nordamerika die Lichter aus. In Kliniken und Fabriken springen die Dieselaggregate zur Produktion von Notstrom an. Das Netz der Versorgung mit Diesel kollabiert jedoch, da die Tankstellenpumpen Strom benötigen. In der Folge werden die Kliniken nicht mehr mit Diesel versorgt, und ebenso wenig die Notkühlaggregate der Kernkraftwerke. Das Gesundheitssystem bricht zusammen, AKW`s drohen außer Kontrolle zu geraten, in Frankreich kommt es zum ersten GAU. Ohne Diesel bricht auch das europäische Transportwesen zusammen. Und dadurch die Versorgung mit Nahrungsmitteln. Die Ordnungskräfte sind überfordert und mit dem eigenen, persönlichen Überleben beschäftigt, können folglich immer weniger ihren staatlich zugedachten Aufgaben nachkommen. Die Systeme der staatlichen Sicherheit brechen schließlich zusammen. Die Menschen leiden Hunger, haben Angst, soziale Unruhen brechen aus. Die gesellschaftlichen Ordnungen kollabieren. Die Welt steht vor dem Abgrund. Die Helden können die bösen Initiatoren der Katastrophe zwar am Ende stellen. Doch hat die Welt noch Jahrzehnte mit den verheerenden Folgen zu kämpfen.

Unrealistisch? Übertrieben? Nur Fiktion? Keinesfalls. Beim Deutschen Bundestag gibt es ein Büro für Technikfolgenabschätzung. Ende 2010 legte dieses die Studie *»Gefährdung und Verletzbarkeit moderner Gesellschaften – am Beispiel eines großräumigen Ausfalls der Stromversorgung«* vor. Die Wissenschaftler ziehen folgendes Fazit:

»Die Folgenanalysen haben gezeigt, dass bereits nach wenigen Tagen im betroffenen Gebiet die flächendeckende und bedarfsgerechte Versorgung der Bevölkerung mit (lebens-)notwendigen Gütern und Dienstleistungen nicht mehr sicherzustellen ist. Die öffentliche Sicherheit ist gefährdet, der grundgesetzlich verankerten Schutzpflicht für Leib und Leben seiner Bürger kann der Staat nicht mehr gerecht werden. Damit verlöre er auch eine seiner wichtigsten Ressourcen – das Vertrauen seiner Bürger. ... [die Katastrophe] wäre selbst durch eine Mobilisierung aller internen und externen Kräfte und Ressourcen nicht ›beherrschbar.‹ (S. 237)«... ein Kollaps der gesamten Gesellschaft wäre kaum zu verhindern.« (S. 3)

Ein solches Szenario wird also als durchaus nicht unwahrscheinlich angesehen. Mögliche Auslöser werden zuhauf aufgezählt:

»... u.a. technisches und menschliches Versagen, kriminelle oder terroristische Aktionen, Epidemien, Pandemien oder Extremwetterereignisse ... wird erwartet, dass künftig die Ausfallwahrscheinlichkeit größer wird, u.a. deshalb, weil die Gefahr terroristischer Angriffe und klimabedingte Extremwetterereignisse als Ursachen eines Netzzusammenbruchs zunehmen werden.» (S. 5)

Damit in einem komplexen Geflecht alles funktioniert, müssen *alle* relevanten Bestandteile und Subsysteme ihre Funktionen erfüllen. Um die Normalität kollabieren zu lassen, genügt hingegen *eine* maßgebliche Fehlfunktion, irgendwo. Irgendetwas Unerwartetes, als Einzelereignis eigentlich unwahrscheinliches, passiert früher oder später aber immer, mit Sicherheit.

Zum Beispiel in Ostfriesland, am 4. November 2006 um 22.10 Uhr. Da gab die vernetzte Wirklichkeit einen zarten Vorgeschmack darauf, wozu sie fähig ist. Einfach so, ohne Vorwarnung, aus heiterem Himmel. Zwei Stromleitungen über den Fluss Ems sollten planmäßig zeitweilig abgeschaltet werden, um ein neu gebautes Kreuzfahrtschiff nach dem Stapellauf passieren zu lassen. Bei der Planung kam es zu Fehlern, es gab kurzfristige Änderungen. Und schon bahnten sich die Auswirkungen im System ihren Weg. Es kam in Teilen von Deutschland, Belgien, Frankreich, Österreich, Italien und Spanien zu größeren Stromausfällen. Kraftwerke schalteten sich automatisch ab. Millionen Menschen in Europa saßen bis zu zwei Stunden ohne Strom da. Auch der Bahnverkehr war massiv beeinträchtigt. Selbst in Marokko waren Auswirkungen spürbar. Wegen eines Stromkabels über der Ems.

In Indien kam es 2012 zu einem noch viel größeren Zwischenfall. Plötzlich saß fast ein Zehntel der Menschheit bis zu zwei Tage ohne Stromversorgung da: 600 Millionen Menschen. Über die Gründe konnte nur spekuliert werden. Irgendetwas mit Überlast, oder der Spannung, vielleicht auch die Frequenz des Netzes. Das kann bis dato keiner genau sagen.

Die gesamte globalisierte Welt ist heute ein hochkomplexes, hochvernetztes, extrem dynamisches System von Systemen und Teilsystemen. Alles greift ineinander, ist vernetzt, bedingt sich gegenseitig. Wie die Experten des Deutschen Bundestages in ihrer oben erwähnten Studie zeigen, kann bereits der Ausfall eines kleinen Teilsystems verheerende Auswirkungen haben, vergleichbar mit gewaltigen Naturkatastrophen. Wie Dominosteine fallen nacheinander die verschiedenen Versorgungsstrukturen aus. Die Studienautoren nennen es im Beamtendeutsch ›kaskadierende Schadenswirkungen‹.

Verführerische Gedanken: Wäre es da nicht schön, wenn man alles sicher steuern könnte? Wenn man weitgehende Kontrolle hätte? Immerhin sind wir technisch hochentwickelt, leben nicht mehr im Mittelalter. Das müsste doch eigentlich möglich sein, wenn die Profis sich ordentlich Mühe geben, oder? Es wäre nur zu schön, wenn die Dinge vorhersehbar und verlässlich wären. Oder ein echter Macher käme, jemand mit Charisma und Durchblick, der die Angelegenheiten im Griffe hätte ...

*

1814 schreibt Pierre-Simon Laplace, ein französischer Mathematiker, Physiker und Astronom, in seinem „Essai philosophique sur les probabilités" einen betörenden Gedanken nieder. Bis heute gelingt es diesem Gedanken immer wieder, Menschen, (Ver-)Führungspersonen und ganze Massen zu infizieren. Er suggeriert Vorhersehbarkeit, Kontrolle, Sicherheit und lautet wie folgt:

Was wenn es eine allwissende Macht gäbe (später ›Laplace'scher Dämon‹ genannt), die alle physikalischen Gesetzmäßigkeiten, den Ort und Impuls jedes einzelnen Atoms des Universums zu einem bestimmten Zeitpunkt kennen würde? Laplace behauptet, dass es dieser Macht möglich wäre, alle zukünftigen Geschehnisse der Welt perfekt (›deterministisch‹) vorauszuberechnen. Es gäbe somit keinen Zufall mehr, keine Ungewissheit, nichts Unerwartetes, und kein Chaos. Nur noch Ursache und Wirkung. Die Welt – ein perfekt voraussehbares Uhrwerk. Übertragen auf die Möglichkeiten der Wissenschaft: Was bislang noch nicht vorhergesagt werden kann, wäre aus dieser Sicht lediglich der noch nicht weit genug vorangeschrittenen Wissenschaft anzulasten.

In gewisser Hinsicht ist der Gedanke totalitär. Denn die Befürwortung von Gestaltungsräumen, Willensfreiheit und Entwicklungsmöglichkeiten würde unter dieser Annahme keinen Sinn mehr ergeben. Dazu passt es, dass es Laplace trotz seiner großen wissenschaftlichen Erfolge verwehrt wurde, im Panthéon beerdigt zu werden. Der Grund? Er war ein opportunistisches Fähnchen im Wind. Er hatte Ämter gehäuft und sich immer wieder wechselnden Mächten angebiedert.

1927 kommt es in Kopenhagen zum Mord. Zwei Physiker, der Deutsche Werner Heisenberg und der Däne Nils

Bohr, töten mit ihrer ›Kopenhagener Deutung‹ der ›Heisenbergschen Unschärferelation‹ den Laplaceschen Dämon. Der Blick auf die Quanten und ihr Verhalten hatte ihnen offenbart, dass bereits im Kleinsten fundamentale Unvorhersagbarkeit herrscht. **Exakte Voraussagen sind nicht möglich, nur die Angabe von Wahrscheinlichkeiten.** Immer wenn man meint, den Zustand von etwas genau zu kennen (den Ort eines Teilchens), wird es unmöglich, andere dazugehörige Eigenschaften zu fassen (den Impuls). **Die Wirklichkeit ist flüchtig, vergleichbar einem Wackelpudding, den man versucht, an die Wand zu nageln.**

In den folgenden Jahrzehnten entstand als Wechselspiel unterschiedlichster Wissenschaftsdisziplinen die Systemtheorie. Sie beschäftigt sich mit dem Verhalten und den Merkmalen komplexer Systeme. Es zeigte sich, dass grundlegende Unvorhersagbarkeit nicht nur eine Eigenschaft auf Quantenebene ist. Sie ist ein zentrales Merkmal aller komplexen Systeme: Menschenmassen, Organisationen, Staaten, das Wetter, Paarbeziehungen und Familien, der menschliche Körper, die Psyche, Stromnetze. Der Horizont, hinter dem das endlose Land der Ungewissheit, aber auch des Wunderbaren, Neuen liegt, ist nur wenige Schritte entfernt. Und vor dem Horizont? Ein großer Jahrmarkt der Wahrscheinlichkeiten. Hier und da preisen Gaukler ihre Spiegelkabinette an, in denen sie Gewissheit und Berechenbarkeit vortäuschen.

Irgendetwas Unvorhersagbares passiert jedoch früher oder später immer, bringt die alte Normalität aus dem Gleichgewicht, zwingt in die Krise und verlangt neue Ansätze. Freier Wille, Zufall und Chaos sind keine Betriebsunfälle der Natur, sie sind die Natur der Dinge. Freiheit und Krise sind zwei Seiten derselben Medaille. Natürlich kann man etwas für die Stabilität komplexer Strukturen tun, dazu später mehr (siehe Kapitel 6.6 „Fehlertoleranz"). Und man kann viel für die eigene Stabilität im Angesicht von vermeintlichen Krisen tun, auch dazu später mehr (siehe Kapitel 7.1 „Selbstfürsorge") Einige Ansatzpunkte wurden schon aufgezeigt, viele weitere werden noch folgen. **Aber die Zukunft vorhersagen und Krisen generell verhindern? Völlig unmöglich.**

„Das ist doch alles nicht mehr normal!"
Diagnose: ‚Metakrise'

W as ist da also los mit unserer heutigen Welt? Ich fasse zusammen:

An vielen Orten wird versucht, die heutige Welt und ihre Herausforderungen durch Separatismus, Isolationismus, Protektionismus und Nationalismus wieder in kleine, überschaubare Uhrwerke zu verwandeln. Das ist albern. Neue Grenzen zu ziehen und Mauern zu bauen macht aus einer komplexen Welt keine kleinen Uhrwerke, die man mit gewöhnlichen mechanischen Konzepten wieder sicher zum Laufen bringen könnte. Trotzdem wird genau dies häufig suggeriert, mal aus populistischem Kalkül, mal aus Hilflosigkeit, mal wider besseres Wissens. **Die globalisierte Welt ist ein hochkomplexes Netzwerk, das sich um Zäune nicht schert.** Was hingegen im Angesicht einer hochkomplexen,

61

hypervernetzten Welt endgültig an Grenzen kommt sind Intuition und „gesunder Menschenverstand", Reparaturdienstverhalten und Aktionismus. Das alles funktioniert nicht mehr. Bestenfalls beruhigt es kurzfristig, mittelfristig macht es alles nur noch viel schlimmer. Denn solche ungeeigneten Krisenbewältigungsversuche erzeugen schon rasch immer mehr Krisen, noch größere, in zunehmend knapperen Abständen. Es wird völlig unterschätzt und ignoriert, dass unterschiedliche Systeme nach jeweils eigenen Logiken operieren. **Die Rezepte für den Umgang mit der überschaubaren Welt von gestern taugen nicht mehr für die globalisierte Welt von heute.** Die Komplexität, Vernetztheit und Unklarheit der Zusammenhänge, sowie die zeitliche Dynamik der Entwicklungen nimmt von selbst in immer umfangreicherem Maße rasend schnell zu. Das intuitive Verständnis der komplexen Zusammenhänge ist den Handelnden verwehrt. Rationale Zugänge werden bislang noch unzureichend genutzt.

Die folgenden alten Mechanismen zur Bewältigung von Krisen kann man also allesamt getrost vergessen: einfache Kausalvorstellungen, der viel beschworene gesunde Menschenverstand und der Glaube an die Berechenbarkeit und Kontrollierbarkeit von Ereignissen. Aber genau dies geschieht noch nicht ausreichend. **Und deshalb stecken wir inmitten einer gewaltigen, weltumspannenden Metakrise, gewissermaßen einer ›Krise 2. Ordnung‹ einer Krise der Art und Weise wie versucht wird, Krisen zu bewältigen.**

Ich fasse noch einmal nach: Nach dreihundert Jahren Aufklärung und den Urkatastrophen des 20. Jahrhunderts wird ein zivilisatorisch unwürdiges Schauspiel aufgeführt:

Flüchtlinge? Kein Problem für Ungarn, die wollen doch alle weiter nach Deutschland. Sexistische Übergriffe auf Frauen in Köln: Kein Problem für Polen, das lässt einfach keine Flüchtlinge zu sich rein. Eurokrise? Was soll`s, Großbritannien behält einfach weiter sein Pfund und verlässt die EU. Hohe Staatsschulden? Einfach ordentlich sparen nach deutschem Vorbild, das wird schon. Wirtschaftsflaute in den Schwellenländern? Was geht das die USA an, deren Wirtschaft ist robust und lebt von der Binnennachfrage. Kriege in Afrika, die arabische Welt steht in Flammen? Europa vertieft einfach den Burggraben, erhöht die Mauern, investiert in Grenzsicherung. Das muss man einfach nur auf Distanz halten.

Viel zu häufig: Abgrenzungen, mechanistische Weltbilder, einfache Erzählungen, Beschränkungen in den Köpfen, Aufkündigung der Zusammenarbeit. Kindlich-arglose, brandgefährliche Vorstellungen von Vorgestern. Und was ist mit den Fähigkeiten und dem Willen für den Umgang mit hochkomplexen Situationen, im Fachjargon ›Systemkompetenz‹ genannt? Bisher noch viel zu häufig weitgehend Fehlanzeige.

Herzlich willkommen in einer globalen Metakrise.

Die Frage für uns alle lautet also: Wie kommen wir aus dieser Metakrise wieder raus? Und die Frage, die Sie sich als Leser vermutlich stellen: Was bedeutet diese Metakrise für Sie? Wie sollen Sie persönlich damit umgehen?

Soviel lässt sich fürs Erste festhalten: Um zurechtzukommen empfiehlt es sich in komplexeren Mustern zu denken, und nicht in einfachen Ursache-Wirkungs-Schemata. **Wer heute entspannt leben will ohne die Krise zu bekom-**

men, sollte aufhören nach den richtigen, abschließenden Antworten zu suchen, sondern sich darauf beschränken, immerfort hilfreiche Fragen zu stellen und sich mit der Vorläufigkeit jeder Antwort zu begnügen. Wer sich in einer krisenhaften Welt orientieren und auf die Zukunft vorbereiten will, sollte aufhören auf Prognosen zu schielen, sondern besser in vielen unterschiedlichen Szenarien denken.

Es gibt sehr hilfreiche Geisteshaltungen sowie Denk- und Handwerkzeuge für den Umgang mit den Herausforderungen der Gegenwart. Die wichtigsten werden Sie im weiteren Verlauf des Buches noch kennenlernen. Es ist machbar, dem Sog der vielen Krisenstimmungen zu widerstehen und sich nicht immer tiefer darin verstricken. **Der beste Ansatzpunkt ist es, das menschliche Gehirn schlicht und einfach immer wieder zu dem Zweck zu gebrauchen, für den es einmal gemacht wurde: zum Denken.**

Was dem Denken jedoch leider immer wieder in die Quere kommt und dem Verstand den Stecker herauszieht, ist die Angst.

Angst!

Krisen beunruhigen, und können sogar ordentlich Angst machen. Und Angst kann den Verstand lähmen, also genau das Instrument, das wir zur Bewältigung von Krisen benötigen. Dieser Teufelskreis ist eine der tückischsten Eigenschaften von Krisen. Ängste aller Art finde heute sehr gedeihliche Bedingungen vor. Und das bedroht immer mehr die Fähigkeit, auf krisenhafte Entwicklungen angemessen und besonnen reagieren zu können.

Die emotionale Fieberkurve steigt an

Ein scheinbar verwirrender Befund: Obwohl die Deutschen heute so sicher und komfortabel leben wie nie zuvor in ihrer Geschichte, leiden immer mehr Menschen unter nagenden Befürchtungen, haben diffuse Ängste, fühlen sich in den Fundamenten ihrer Existenz bedroht. Die Zahl der mit psychischen Erkrankungen begründeten Krankheitstage hat sich laut BKK Gesundheitsreport in den den letzten vier Jahrzehnten verfünffacht. Der Anteil der Menschen, die aufgrund seelischer Leiden frühzeitig in Rente gehen musste, hat sich gemäß Erhebungen der Deutschen Rentenversicherung binnen zwanzig Jahren von

15% auf 43% fast verdreifacht. Wenn man der R & V – Ängstestudie glauben schenken kann, dann sind die Ängste der Deutschen innerhalb eines Jahres noch nie so stark angestiegen wie 2016. Und auch Messungen am Puls des Internet bestätigen diese Entwicklung: Befragt man Google (trends.google.de) nach der relativen Häufigkeit, mit der Suchanfragen zum Begriff »anxiety« (engl. für Angst, Sorge, Beunruhigung) gestartet wurden, zeigt sich eine in den letzten Jahren deutlich ansteigende Fieberkurve der Angst (siehe Abbildung). Wo man auch hinschaut: Ängste sind auf dem Vormarsch.

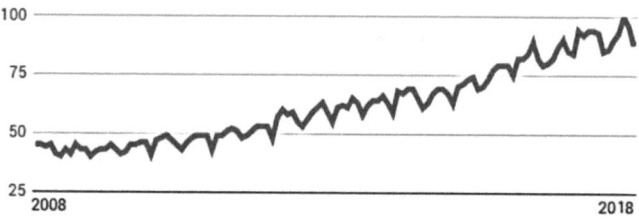

Abbildung: relative Häufigkeit der weltweiten Google-Suchanfragen zum Begriff »anxiety«

Gleichzeitig nehmen die objektiven Gründe, sich unmittelbar bedroht zu fühlen, immer mehr ab. Immer weniger Menschen lassen ihr Leben im Flug- oder Straßenverkehr, überall hat innovative Sicherheitstechnik Einzug gehalten. Eine ständig zunehmende Anzahl von Erkrankungen hat ihren einstigen Schrecken verloren und gilt heute als heilbar. Die Lebenserwartung in den Industrienationen steigt seit langem immer weiter an.

Hungersnöte gehören im Westen nur noch zu den Erzählungen über eine ferne Vergangenheit. In der Schweiz gab es 2014 so wenig vollzogene Tötungsdelikte wie noch nie seit Beginn der Erhebungen,[5] ebenso gab es EU-weit noch nie weniger Mordfälle als heute.[6] In der BRD sind tödliche Schusswaffendelikte in den letzten zwanzig Jahren von 630 auf 111 zurückgegangen, die Jugendgewalt ist um knapp die Hälfte rückläufig.[7] Erstaunlicherweise sind die Kriminalitätsängste gerade in jenen europäischen Ländern am stärksten ausgeprägt, die die niedrigsten Kriminalitätsraten aufweisen.[8] Verrückt. Die nach Deutschland geflohenen Menschen fragen sich und uns fassungslos, warum die Deutschen sich so viele Sorgen machen, obwohl sie in einem der sichersten Länder der Welt, ja der Menschheitsgeschichte leben. Warum nur fühlen sich dann so viele Zeitgenossen derart bedroht? Wie lässt sich das erklären?

Schon lange ist bekannt, dass die gefühlte Gefährdungstemperatur und die tatsächliche, objektive Gefährdungslage heftig auseinanderlaufen können. Zu einem großen Teil liegt dies an der sogenannten »Verfügbarkeitsheuristik«. Das Fachwort bezeichnet eine unbewusst ablaufende psychische Daumenregel. Sie besagt in etwa Folgendes: Wenn Menschen ein konkretes Beispiel für ein Unglück vor Augen haben, halten sie dessen Eintreten für wahrscheinlicher. Meint man sich an einen Häuserbrand zu erinnern, wird man mehr Angst davor haben, dass das eigene Haus ebenfalls abbrennen könne. Dabei spielt es keine Rolle, wo diese Vorstellungen herkommen: aus persönlichen, unmittelbaren Erfahrungen, aus Erzählungen anderer, aus fiktiven Darstellungen wie Filmen oder gar aus offensichtlichen Lügen. Heute werden die Menschen durch die Medien, und in zunehmendem Maß durch Populisten, mit reichhaltigen Beispielen von allem versorgt, was Schlimmes geschehen kann: Verarmung, Unfälle, Morde, Kindesentführungen, Gewaltexzesse, vergewaltigende Ausländerhorden, hilflose Staatsorgane, Terroranschläge usw. Und es gilt: Je bildmächtiger und dramatischer erzählt wird, desto stärker der Effekt. In der Konsequenz steigt die subjektive Risikoeinschätzung, das Sicherheitsgefühl nimmt rapide ab. Die gefühlte Wirklichkeit siegt über die Tatsachen. **Wahrheit verkommt zunehmend zum Resultat von Affekten. In der postfaktischen Welt gilt als wahr, was sich wahr anfühlt, und nicht das, was die Betrachtung der Fakten ergibt.**

Doch als alleinige Erklärung genügt das nicht. Auf zur weiteren Spurensuche.

Kollektive Sucht nach Sicherheit

Kennen Sie den Unterschied zwischen Gefahr und Risiko? In den Natur- und Ingenieurwissenschaften wird ein Risiko gemeinhin durch das Produkt eines möglichen Schadens oder Nutzens und seiner Eintrittswahrscheinlichkeit bestimmt. Und eine Gefahr besteht immer dann, wenn das Risiko eine akzeptierte Schwelle übersteigt. Für unsere Zwecke viel hilfreicher ist aber eine ganz andere Sichtweise auf den Begriff Risiko:

Laut dem Soziologen Niklas Luhmann geht man immer dann ein Risiko ein, wenn man durch eine eigene Entscheidung die möglichen negativen Folgen derselben beeinflussen kann. Der brillante Systemtheoretiker gibt das Beispiel des Regenschirms:

Stellen Sie sich vor, Sie frühstücken, das Radio läuft, gleich geht`s zur Arbeit. Der Wetterbericht sagt eine Regenwahrscheinlichkeit von 80% voraus. Sich nun dafür zu entscheiden, ohne Regenschirm vor die Tür zu gehen, wäre riskant. Sie könnten ohne Not pitschnass werden. Sie kennen doch jetzt, dank der Wissenschaft der Meteorologie und der Erfindung des Radios, das statistische Risiko. Und Sie besitzen dank der Erfindung des Regenschirms ein Mittel zur Risikoabwehr Allerdings kommen Sie nicht risikolos aus der Nummer raus, selbst wenn Sie den Regenschirm mitnähmen. Denn Sie könnten ihn ja irgendwo liegenlassen oder verlieren.

Gefahren sind hingegen etwas Unbestimmtes, dass unabhängig von den eigenen Entscheidungen existiert und durch diese nicht beeinflusst wird.

Aus Luhmanns Sicht überführen neue Innovationen, für oder gegen deren Einsatz wir uns entscheiden können, unbestimmte Gefahren in konkrete Risiken. Die Moderne hat das Leben durch den beständigen Fortschritt eigentlich ungefährlicher, aber immer riskanter gemacht. Es verlangt uns permanent Risikoentscheidungen ab, die sich vormals gar nicht stellten: Impfen? Eigentlich schon, aber gegen was alles? Und Impfen kann doch auch schlimme Nebenwirkungen haben. Ein Auto mit besonders vielen Airbags anschaffen? Es sind schon Leute an diesen Dingern erstickt. Vorsorgeuntersuchungen? Heimlich mal in die Mails des Partners reinschauen, wer weiß, er lächelt der Nachbarin immer so zu ... Das eigene Genom analysieren lassen, um die Wahrscheinlichkeit mancher Krebsarten zu bestimmen? Fruchtwasseruntersuchungen in der Schwangerschaft? Versteckte Kameras, um die Arbeit der Babysitterin zu überprüfen? Eine Versicherungspolice abschließen?

Jede neue Entscheidungssituation ist ergiebiger Rohstoff für neue Verunsicherung, aber eben gerade nicht für Sicherheit. Denn jede Entscheidung gegenüber einer unsicheren Zukunft bringt neue Risiken mit sich. Man muss sich klarmachen: weitestgehende Sicherheit ist eine Illusion. Unsere Ahnen waren hingegen ziemlich gut im Arrangement mit Gefahren: Blitzeinschläge, Krankheiten, Dürren und Überschwemmungen ... was blieb ihnen auch übrig? Die entsprechende Gelassenheit haben wir uns mit jeder neuen Erfindung und den damit in die Welt geworfenen Entscheidungen gründlich abtrainiert.

Denn **niemals zuvor in der Menschheitsgeschichte mussten wir täglich so viele Entscheidungen treffen.** Deshalb ist heute genug Arbeit für Leute wie mich da. Uns Psychologen gibt es nicht, weil wir neuerdings, dank der Wissenschaft, überhaupt erst etwas über Angsterkrankungen und Ähnliches herausgefunden haben. Es ist vielmehr so, dass die Moderne mit ihrem Innovationstempo und der ständigen Veränderung erst den enormen Bedarf nach Angsttherapeuten erzeugt hat. Wissenschaft erzeugt Nachfrage nach Wissenschaft.

Die subjektiv enorm angestiegenen Risiken haben die Menschen und Gesellschaften der Moderne süchtig nach Sicherheit gemacht. Das raubt Freiheit, Flexibilität und Kreativität und legt sich wie eine Schlinge um den Hals von Kunst und Kultur. Je mehr wir nach Sicherheit gieren, desto ängstlicher werden wir. Und desto krisenanfälliger. Und umso mehr Risiken und Gefahren entstehen. Und mehr Ängste. Und das Bedürfnis nach Sicherheit. Ein Teufelskreis.

Immerhin kann ich ganz gut davon leben. Und mit mir: Populisten, Innen- und Verteidigungspolitiker, private Sicherheitsdienste, Versicherungsmakler, Stacheldrahtproduzenten, Psychopharmakahersteller, Anlageberater und andere Sympathieträger. Erst Ängste schüren und dann vermeintliche Sicherheit und Kontrolle verkaufen, das war immer schon ein einträgliches, sich selbst tragendes Geschäftskonzept.

Der Kapitalismus hat auch die Angst zu einem gigantischen, globalen Markt transformiert, der sich rasant weiter anheizt und immer monströser aufbläht. Die angebotene Ware: das vermeintliche Gefühl von Sicherheit. Es ist die gefährlichste Droge der Welt. Kurzfristige Wirkung: Beruhigung und Illusion von Kontrolle. Mittelfristige Wirkung: Angst. Panik. Langfristige Wirkung: Schwerste Abhängigkeit. Wahnvorstellungen. Paranoia. Akute Eigen- und Fremdgefährdung. Gewaltbereitschaft.

Sie selbst wollen kein willfähriges Opfer von Ängsten werden? Dann machen Sie es wie unsere Ahnen: Akzeptieren Sie, dass die Welt ein unsicherer Ort ist. Arrangieren Sie sich mit den unbestimmten Gefahren, und stellen Sie sich verantwortungsvoll aber entspannt den Risiken, die Ihnen mit jeder Lebensentscheidung begegnen. Risiken sind der Preis der Freiheit. Nur wer keine Entscheidungsmöglichkeiten mehr hat, braucht keine Risiken mehr zu ertragen. Aber wollen Sie in einem totalitären Überwachungsstaat leben?

Von hilflosen Kontrollversuchen und Kontrollverlust

Ort: mein Sprechzimmer. Im Sessel gegenüber sitzt, reichlich angespannt, Katharina: eleganter Hosenanzug, gepflegte Erscheinung, sportlich, energische Gesichtszüge. Sie packt gerade ihr Smartphone in die Handtasche, nachdem sie zuvor noch rasch mit einem Blick auf die App ›Family Locator‹ nachgesehen hat, wo ihr Kind, Ihr Ehepartner und ihr persönlicher Referent sich gerade aufhalten – kleine Gesichter in lustigen, bunten Blasen auf einer elektronischen Landkarte. Tolle Möglichkeiten, die man dank GPS und Vernetzung heutzutage hat! Finden Sie nicht auch? Nichts Wichtiges, meint Katharina, kann einem mehr entgehen, wenn man nur die verfügbaren Optionen ausschöpft und alle so mitspielen, wie sie es möchte.

Katharina ist ein echtes Organisationstalent und stolz darauf, jeden Tag perfekt durchzutakten. Sie ernährt sich ausgewogen und gesund, raucht nicht, trinkt nicht, nimmt keine Drogen, dafür aber Bachblütenessenzen und Vitaminpräparate. Das trendige Fitnessarmband an ihrem Handgelenk erfasst jeden ihrer Schritte, überwacht den Herzschlag, berechnet den Kalorienverbrauch, kontrolliert den Schlaf. Sämtliche Fasern ihres 38-jährigen Körpers scheinen zu rufen: »Geschwind, keine Zeit verschwenden! Effizienz!« Eine Frau, die sich und die Dinge gerne im Griff hat, sich laufend mit anderen vergleicht und dabei gut dastehen will. Eigenschaften, die man als verantwortungsbewusste Staatssekretärin gut gebrauchen kann, nicht wahr?! Was sie jede Woche alles unter einen Hut bekommt, hört sich unglaublich an: der Job, die Partei, der Mann. Zweimal Fitnessstudio, einmal Yoga. Dann die Heilpraktikerin, regelmäßige Facharzttermine, man weiß ja nie, vorsorglich auch noch Physiotherapie und Massage, und jetzt eben noch on top: Psychotherapie. Ob sie körperlich erkrankt ist? Sie ist überzeugt davon. Aber keiner konnte bis jetzt herausfinden, was los ist. Sie hat große Angst, schwerwiegend erkrankt zu sein, früh zu sterben. Kontrolle! Kontrolle! Irgendwie muss sie das alles wieder unter Kontrolle bekommen! Jedermann wolle sie nur beruhigen. Da sei schon nichts, alles sei ok. Aber woher kommt dann das schwere Schlucken, die Enge in Hals und Brust? Diese Erschöpfung, das Ziehen in den Gliedern? Das Stolpern des Herzens? Sie will nichts übersehen. Nicht so wie ihr Onkel, der mit Anfang 40 einfach tot umgefallen ist. Zack! Herzinfarkt und weg. Oder die Studienfreundin, deren Krebserkrankung zu spät erkannt wurde.

Ihre Lösungsidee: mehr Kontrolle, aber bitte noch Bessere. Ich soll ihr dabei helfen, sich psychisch zu tunen. Sie möchte »*seelisch optimal aufgestellt*« sein, um den Körper auf diese Weise zu unterstützen. Sie möchte »*richtiges Denken*«

lernen, »hilfreiche Imaginationen« entwickeln, zur Unterstützung der körperlichen Gesundheit. Ihre Lösungsidee ist der Haken an der Sache und führt sie schnurstracks immer weiter in die persönliche Krise hinein. Sie hat sich eine lockere Distanz zu den eigenen Ängsten erfolgreich abtrainiert und ist nun abhängig von kurzfristigen Sicherheitsillusionen. Sie hängt am Tropf der süßen Droge ›Kontrolle‹. Der Schritt heraus aus diesem Teufelskreis ist, rational gesehen, ziemlich einfach, wird ihr aber nicht gefallen: Raus aus dem Ringen um Kontrolle, Kapitulation, sich lockermachen, chillen, zur eigenen Fehlerhaftigkeit stehen. Arrangement mit der Tatsache, dass sie tatsächlich früher oder später ernsthaft erkranken kann. Und ganz sicher irgendwann sterben wird.

Das Gegenteil von krankmachender Angst ist nun mal nicht Sicherheit, sondern Risikoakzeptanz. Ich werde ihr die Lösung vorsichtig darreichen müssen. Die Frage heißt nicht, ob sie irgendwann Krebs bekommen wird. Oder einen Herzinfarkt. Oder sonst irgendetwas. Die Frage ist, was sie bis dahin tun wird: kontrollieren und Krisen erzeugen, oder leben? Leben würde sie übrigens ohne den gesundheitsgefährdenden Stress der Dauerkontrolle vermutlich deutlich länger. Auf jeden Fall aber besser. Und in Freiheit.

Katharina ist, in klein, der Prototyp unserer entgrenzt-wirtschaftsliberalen, terrorängstlichen, westlichen Gesellschaften. Wo man hinblickt, wird gemessen und überwacht, optimiert, normiert und zertifiziert, dokumentiert und gespeichert, supervidiert, ›gebenchmarkt‹ und ›gemonitort‹, werden Zielvereinbarungsgespräche geführt, Qualitätsbeauftragte und Sicherheitsmanager eingesetzt. Alles für die kollektive Illusion, dass die Dinge kontrolliert, qualitativ hochwertig, immer noch effizienter, am besten völlig frei von Risiken ablaufen. Alles im Griff. Lieber Vorratsdatenspeicherung.

Diagnose: Wir leben in Gesellschaften mit hypochondrischen, ängstlich-zwanghaften Anwandlungen. Wir sind dem Optimierungs-, Vereinheitlichungs- und Beschleunigungswahn verfallen und gierig nach Kontrolle, Sicherheit und immerwährender Steigerung – aber singen zugleich das Hohelied auf Freiheit, Vertrauen und die offene Gesellschaft. Passt das noch zusammen? Und kann das auf Dauer gutgehen? Wohl kaum. Es steht zu befürchten, dass diese eklatanten Widersprüche gewaltige gesellschaftliche Perforationslinien erzeugt haben. Durch zunehmende Kontrollversuche der demokratischen Institutionen mittels allerlei Sicherheitsbefugnissen, Überwachung und Notstandsverordnungen droht den westlichen Demokratien zunehmend die Kontrolle über sich selbst zu entgleiten.

Überzogene Kontrollversuche und Machbarkeitsillusionen ohne rechtes Maß erhöhen massiv die Wahrscheinlichkeit für das, was sie versuchen zu verhindern: den Kontrollverlust. Wer Angst vor Panikattacken hat, beobachtet ängstlich seinen Organismus, versucht, die Angst zu kontrollieren. Dabei droht die Psyche in eine Art ›Problemtrance‹ hineinzugleiten: Die Wahrnehmung engt sich immer mehr auf mögliche Anzeichen befürchteter Gefahren ein. Anderes wird völlig ausgeblendet. Man will keine Anzeichen drohenden Unheils übersehen – und übersieht dabei so vieles. Ist der Herzschlag noch in Ordnung? Wo kommt dieses übermäßige Schwitzen her? Warum ist meine Atmung so schnell? Kontrolle! Kontrolle! Die Angst vor der Angst sitzt einem fest im Nacken, pumpt mehr und mehr Adrenalin ins Blut, optimiert den Organismus für Aggression und Kampf. Aber gegen wen? Irgendwas, irgendwer wird sich vielleicht finden! Oder Flucht und Wegducken! Aber wohin? Die Angst vor der Angst engt die Wahrnehmung immer weiter ein, das Adrenalin heizt das Herz zunehmend an, lässt die Atmung verflachen, verstärkt das Schwitzen, zieht das Blut aus der Hirnrinde ab, also von dort, wo das ruhige, besonnene Denken beheimatet ist, schaltet dadurch den Verstand aus. »Oh Gott, es passiert! Kontrollverlust!"

Und schon ist sie da, die Panikattacke.

Wenn die Sucht nach Sicherheit in einem Menschen oder einer Gesellschaft einmal fußgefasst hat, engt sich die Wahrnehmung auf die Erwartung von allerlei Ungemach ein: Terroranschläge, Gefahren durch den Zuzug von Ausländern, die Angst vor dem persönlichen oder staatlichen Kontrollverlust.

Paradoxerweise werden wahrhaft bedrohliche, aber meist längerfristige Entwicklungen durch die Sucht nach Sicherheit und Kontrolle dann völlig verschlafen: Automatisierung der Arbeitswelt, Rundumüberwachung und Verlust jeglicher Privatsphäre, Krise der Demokratie, Kasino-Kapitalismus, Klimawandel und Anstieg der Meeresspiegel, Artensterben, Ausbreitung der Wüsten. Gewissermaßen kommen die Indianer dann andernorts über die Hügel, aus unerwarteter Richtung, und werden erst bemerkt, wenn sie einen vollständig umzingelt haben: »... *das haben wir nicht kommen sehen ... das konnte doch niemand ahnen ...*« heißt es dann gerne. Vor lauter Ängsten werden immer wieder die vielen realen Fehlentwicklungen ausgeblendet und tatsächlich aufziehende Krisen regelrecht verschlafen.

Sie brauchen bei solcherlei Irrsinn nicht mitmachen. Halten Sie Ihre eigenen Befürchtungen immer etwas auf Distanz, steigern Sie sich nicht in sie hinein, nehmen Sie sie nicht zu ernst. Dann bleibt Ihrem Verstand genug Luft, um sich rechtzeitig den tatsächlichen Fehlentwicklungen zuzuwenden und mancher Krise bereits im Frühstadium erfolgreich zu begegnen. Denn Ängste sind nur dann gefährlich, wenn sie fahrlässig auf die Begleitung durch den Verstand verzichten.

Die Identität – ein bedrohtes Wesen

W as für ein Krimi! Der Abspann ist vorbei, ich schalte aus, sinke von der angespannten, aufrechten Körperhaltung an der Vorderkante des Sofas endlich wieder zurück zwischen die Kissen, atme tief durch.

Stille.

In der Geschichte ging es um den Mord an einem Call Center Mitarbeiter. Der Tote war eine arme Wurst, ein absoluter Außenseiter. Seit seiner Einstellung kurzer Zeit zuvor wurde er von seinen Kollegen auf das Übelste beschimpft, lächerlich gemacht und nach Strich und Faden seelisch filetiert. Und als ob das nicht schon genügte, wurde er schließlich ermordet.

Als Täter wurde letzten Endes ausgerechnet der Kollege überführt, der als einziger beim Mobbing nicht mitgemacht hatte. Der Täter wusste selbst, wie es ist, ein Mobbingopfer zu sein. Denn vor der Neueinstellung des Toten hatte er die Rolle des Opfers im Team. Da war er derjenige, dessen Kopf in den Mülleimer gesteckt wurde, das war er der Arsch vom Dienst, wie schon fast sein ganzes Leben lang. Sein Tatmotiv verblüfft im ersten Moment: Er war durch den Neuling seiner Identität als Opfer beraubt worden. Dadurch fühlte er sich noch wertloser als der Unterste in der Hackordnung. Er war nichts mehr. Nicht einmal der Fußabtreter. Sein altes Ich war von heute auf morgen erloschen. Wie ein abgebranntes Zündholz. Zurück blieb lediglich identitätslose Asche, ein grauer, unbeachteter Niemand. Dieser Zustand war für ihn so unerträglich, dass er zum Mörder wurde, um seine alte Identität zurückzuerhalten.

Im westlichen Verständnis ist die individuelle Identität ein lebensnotwendiger Saft, vergleichbar einer farbigen Flüssigkeit, die ein unsichtbares Behältnis füllt. Ohne Inhalt würde das Gefäß niemand wahrnehmen; es könnte genauso gut gar nicht existieren. Die Flüssigkeit selbst: weitgehend egal. Geschmack, Aussehen, Geruch könnten notfalls sogar unerträglich sein – alles ist willkommener als Leere, Durchsichtigkeit, nicht gesehen werden.

Psychotherapeuten können ein Lied davon singen. Häufig haben wir Patienten mit unterirdisch geringem Selbstwertgefühl vor uns sitzen, die lobende Worte nicht hören mögen. Sie können sie nicht in ihr negatives Selbstbild integrieren. Es droht Identitätsverwirrung. **Die Bestätigung** eines negativen Selbstbildes ist bisweilen willkommener als seine wohlwollende Infragestellung.

Wenn in Umbruchphasen Identitätsteile wegbrechen, kann das tiefe Krisen verursachen. Auslöser gibt es zuhauf: die Einbuße der alten beruflichen Identität durch Innovation, Strukturwandel, Kündigung, Krankheit oder Rentenbeginn; der Verlust der Rolle als romantischer Partner durch Trennung; oder der Verlust der Elternrolle durch den Auszug oder noch schlimmer: den Tod eines Kindes. Dasselbe gilt für ganze Gesellschaften. Auch sie können tragende Identitätsanteile verlieren.

Der Berliner Politikwissenschaftler Herfried Münkler wagt die Hypothese, dass das breite Bürgertum heute nicht mehr weiß, was es ist. Die Ränder seien unscharf geworden, einen Konsens über bürgerliche Werte gebe es nicht mehr, dadurch auch keine klare Zugehörigkeit.[9] Die Folge: Entsolidarisierung und Identitätsverlust der Mehrheit der Gesellschaft. Die klaren Unterschiede sind verschwunden. Heute sind es am ehesten noch Konsumsymbole und Erfolg, welche wackelige Zugehörigkeiten definieren. Der Kauf der neusten Mode oder eines iPhones als Akt der Identitätsversicherung. Konsum als Ersatz für Identität. Ich konsumiere, also bin ich.

Doch vom positiven Identitätsversprechen der Marktwirtschaft als Ganzes ist der Lack ab. Denn schwindende Aufstiegschancen für Menschen aus ärmeren Verhältnissen und der immer häufiger drohende Abstieg aus der Mittelschicht haben das frühere Versprechen „Wohlstand für alle" zunehmend unglaubwürdig gemacht. Marktgläubigkeit taugt kaum noch als stabiler Identitätsbestandteil.

*

Ich mache Urlaub auf dem Bauernhof. Karl ist ein stolzer Landwirt um die 60. Seine Familie bewirtschaftet den Hof bereits seit 1870. Was sich durch die Globalisierung verändert habe? Als er ein junger Mann gewesen sei, habe es noch 27 Milchviehbetriebe und eine eigene Sennerei in dem kleinen Weiler im Allgäu gegeben. Heute sind nur noch zwei Höfe übrig. Die anderen konnten dem marktwirtschaftlichen Druck nicht mehr standhalten und mussten ihre Familientraditionen aufgeben, sich nach Jobs in der Industrie, dem Handwerk, im Tourismus umsehen. Einige heuerten bei den wenigen Big Playern an - industriellen Milchfabriken mit Tausenden von Tieren. Auch Karls Familie musste sich umstellen und die Abläufe des Familienbetriebs auf Effizienz trimmen. Ein neuer Stall mit viel Technik wurde errichtet, ein moderner Melkstand angeschafft. Die Banken standen bereitwillig mit Krediten parat. Man passte sich den wandelnden Bedingungen an, so gut es eben ging. Als der Stall vor zehn Jahren gebaut wurde, erhielt Karl von der Molkerei noch 35 Cent für den Liter Milch. Heute sind es nur noch knapp über 20 Cent. Die Rechnung geht schon lange nicht mehr auf, Karl legt drauf. Ohne die Feriengäste und weiteren Nebenerwerb müsste er seine alte Existenz, und damit die Identität als Bauer, aufgeben - und mit ihm die ganze Familie: »Wer nicht bereit ist, immer weiter und schneller zu wachsen, mit Hilfe von industriellem Hochleistungsfutter und Unterstützung der kleinen Helfer der Pharmaindustrie noch mehr

Milch aus seinen Kühen herauszuholen, muss verkaufen. *Die EU-Subventionen belohnen vor allem die Großbetriebe, 80% der Subventionen landen dort. Heute haben wir durch diese Logik eine durchindustrialisierte Vieh- und Landwirtschaft, massive Überproduktion und kaputte Preise. Unsere Milch wird zu Milchpulver gemacht und überschwemmt zu Billigstpreisen die afrikanischen Märkte, raubt den dortigen Kleinbauern Existenzgrundlage und Identität. Und da beschweren wir uns, wenn die sich in Boote setzen und auf den Weg zu uns machen? Wir ertrinken in Milch, und die im Mittelmeer. Das ist alles ein perverser, globaler Irrsinn.«*

Der Neoliberalismus zerstört Existenzen weltweit, verstärkt Migrationsbewegungen, raubt Identitäten und macht Angst. Globalisierung – die rasante Zunahme der weltweiten Verflechtungen und gegenseitigen Abhängigkeiten – **wird von vielen Menschen als gnadenloser Sturm unberechenbarer Umwälzungen erlebt.** Das war zwar bereits in früheren Hochphasen der Zunahme der globalen Vernetzung ähnlich, zu Zeiten von Kolonialisierung, Industrialisierung oder der Zeit um die Jahrhundertwende, wie in Kapitel 2.2 beschrieben, als Radio, Kino und Fernsprecher die Welt veränderten. Doch die Geschwindigkeit und das Ausmaß der Veränderungen in allen Lebensbereichen war in der Menschheitsgeschichte noch nie zuvor so gewaltig wie heute.

Landwirt Karl lässt mich nachdenklich zurück. **Krisen bedrohen alte Selbstverständlichkeiten und stellen immer die Identitäten der von ihr betroffenen Menschen in Frage. Und der Verlust von Identitäten begünstigt fast immer die Entstehung von Krisen.** Und immer schon gab es Wandel. Doch auch Identität verändert sich, entwickelt sich weiter.

Man kann den Lauf der Dinge nicht einfrieren. Oder sind Sie noch genau derjenige / diejenige, der / die Sie vor zwanzig Jahren waren? Doch die Dosis macht das Gift. Denn wie viel Veränderung in welchem Zeitraum vertragen Menschen? Letztlich ist es aber doch egal, denn es ist nun mal, wie es ist, und es gilt, damit klarzukommen. Was kann dabei helfen?

Dafür muss man sich klarmachen, welche Möglichkeiten Menschen haben, ihre Identität zu bestimmen:

Sie baut sich gewöhnlich aus den Dingen auf, die wir persönlich meinen zu sein, und den Werten, Menschen und Gruppen, mit denen wir uns *verbunden* fühlen. Man hat verbindende Symbole, pflegt gemeinsame Geschichten, kultiviert bestimmte Erzählungen, typische Bewertungen und Sichtweisen.

Es geht jedoch auch genau anders herum. Dann liegt der Fokus der Identität auf der Summe all dessen, was man meint, *nicht* zu sein und wovon man sich *abgrenzt*. Die Separatisten in Katalonien wollen vor allem keine Spanier sein, die in Korsika keine Franzosen und die in der Lombardei oder Südtirol keine Italiener. An vielen weiteren Orten des Kontinentes drohen Bevölkerungsgruppen derzeit, in diese feindselige Form der Identitätsversicherung abzugleiten. Der Fokus auf ängstliche, abgrenzungsorientierte Identitätsbestimmung lädt ein zur Ausgrenzung und Abwertung von anders sprechenden, andersgläubigen, anders gekleideten, anders aussehenden, anders liebenden, anders denkenden, anders lebenden Menschen. Eben all dessen, was man nicht sein möchte – und was möglicherweise eher unbekannter ist und Angst macht.

Die Demagogen von AfD, Front National oder FPÖ schlagen gerne ihr Kapital aus der Identitätsnot der Menschen. Sie tun dies durch den gekonnten Aufbau äußerer Bedrohungskulissen gegen das „wahre Volk", die Hatz gegen vermeintliche Eliten oder die „Systempresse", und notfalls auch durch das Nähren von Verschwörungsdenken. Denn der äußere Feind stärkt den inneren Zusammenhalt; und dies schafft wärmende nationalistische Identität. Die Praxis des Abwertens und Ausgrenzens anderer ist eine gefährliche Infektion, die von den Betroffenen mit einer Kur verwechselt wird. Längst hat die Malaise der abgrenzungsorientierten Identitätsverführung die gesellschaftliche Mitte befallen.

Zurück zur Antwort auf die Frage, was jeder selbst in solchen stürmischen Zeiten wie unseren tun kann, um keine Angst um seine Identität haben zu müssen? Und das ganze natürlich, bitteschön, nicht auf Kosten Dritter?

Da wäre beispielsweise die europäische Idee als Identitätsstifter. Die hat allerdings in den letzten Jahren sehr gelitten. Das verbindende, identitätsstiftende Potential ist zu großen Teilen irgendwo zwischen Feinstaubverordnungen und Agrarsubventionsrichtlinien auf den Gängen von Brüsseler Verwaltungsgebäuden verlorengegangen. Wiedergefunden werden kann es dort jedoch vermutlich nicht, dafür aber in der europäischen Öffentlichkeit, auf den Straßen und Plätzen des Kontinents, den Cafés und Versammlungsstätten. Es lohnt, vielleicht gerade auch gemeinsam mit anderen, sich dort auf die Suche danach zu machen.

Einen weiteren, gigantischen Identitätsvorrat bieten regionale, überregionale oder weltweite Herausforderungen, die nur durch das „Wir" bewältigt werden können. Beispielsweise der Klimawandel, der Kampf für die Meinungs- und Pressefreiheit, oder der Katastrophenschutz. Warum sich nicht mit anderen zusammentun? **Gemeinsame** Herausforderungen **sind die reifste Form der Bestimmung gemeinsamer Identität, und nicht gemeinsame Feinde.**

Aber für erste können Sie auch erst einmal sich selbst als Herausforderung vornehmen, ganz alleine: **Versuchen Sie zu benennen, welches Ihre persönlichen Identitätspolster sind. Wie lauten die Dinge, die Sie aus- und starkmachen, damit Sie Neues, Überraschendes und auch Beängstigendes gut in Ihr Weltbild hineinlassen können?** Da ist viel mehr in uns als das, was wir nicht sein wollen. Viel mehr als das, was wir meinen, bisher gewesen zu sein, und woran wir uns gerne festklammern. Mit Sicherheit. **Machen Sie Ihre Identität bevorzugt an dem fest, was Sie tun und wie Sie mit anderen Menschen umgehen, und nicht an dem, was Sie möglicherweise meinen, von Geburt an zu sein.** Das hält völkische Ideen verlässlich außen vor.

*

»Es liegt im Verlauf der Weltgeschichte ein gewisses Sich-Verlaufen. Die Gegenwart ist immer wie das letzte Haus einer Stadt, das irgendwie nicht mehr ganz zu den Stadthäusern gehört. Jede Generation fragt erstaunt, wer bin ich und was waren meine Vorgänger? Sie sollte lieber fragen, wo bin ich, und voraussetzen, dass ihre Vorgänger nicht anderswie, sondern bloß anderswo waren; damit wäre schon einiges gewonnen – dachte er.«

Robert Musil
österreichischer Schriftsteller
(aus: Der Mann ohne Eigenschaften, Kap. 83)

Sicherheit finden in einer unsicheren Welt

Angst hat zahlreiche Quellen und kommt auf viele Arten in die Welt. So entsteht sie beispielsweise da, wo das Bekannte in sich zusammenstürzt, das Heimliche dem Unbekannten, Unheimlichen weicht. Damit ist Angst ein typisches Schwellengefühl, tritt auf in Grauzonen zwischen Altem und Neuem, in Zeiten der Verwandlung und gesellschaftlichen Übergänge. Sie ist ein Indikator für Krisenzeiten. Schwellen als Zeiten der Verwandlung schmerzen – unvermeidlich. Die alte Ordnung kollabiert vor unser aller Augen. Die Angst motiviert viele, das Alte, unweigerlich zusammenbrechende, immer verzweifelter festzuhalten – was töricht und gefährlich ist. Dabei kann Angst auch ein großartiger Quell des Kreativen, Mutigen und Neuen sein. Wir dürfen unsere Ängste nutzen, anstatt an Ihnen zu verzweifeln, vor ihnen wegzulaufen oder sie zu betäuben. **Ohne Angst würden wir im immergleichen, alten Muff ersticken.** Ohne Angst wären wir verloren und den dann unweigerlich hereinbrechenden Katastrophen ausgeliefert. **Angst kann das Alte Denken aus seiner Benommenheit befreien. Angst liefert das energetische Potential, um Krisen zu überwinden und das Neue zu erschaffen.** Wer sich von Ängsten nicht lähmen lassen will und sie stattdessen nutzen möchte, sollte sie nicht als unerwünschte Störung verstehen, sondern bereitwillig als völlig normalen Teil der Existenz annehmen.

Für das Leben in einer sich immer schneller wandelnden, teils chaotischen Welt braucht es einen klaren Verstand, der sich von Ängsten nicht wund machen lässt, sich

nicht panisch in die Irre führen oder gar vollständig blockieren lässt. Der mutige Umgang mit diffusen Gefahren ist Vielen in den westlichen Gesellschaften leider abhandengekommen. Der postmoderne Mensch ist oft übermäßig von Ängsten besiedelt, entscheidungsüberfrachtet und auf Risikominimierung getrimmt: ein Kontrolletti mit verunsicherter Identität und zunehmend unklaren Wertvorstellungen. Wunderbare Voraussetzungen für die weitere Anzucht großer und kleiner Krisen aller Art. Knifflige Arbeitsbedingungen für die Ratio.

Heute kann der Verstand schnell von medialen, gesellschaftlichen Strömen der Beunruhigung fortgerissen werden. Da ist es ratsam, manch aufziehenden Affekt lieber erstmal wegzuatmen, bevor man dem Chaos sein Nervenkostüm als fruchtbaren Boden für die dauerhafte Aufzucht von Krisen anbietet.

Es ist eine echte Herausforderung und mag in Krisen auf den ersten Blick anmuten wie die Quadratur des Kreises. Möglich ist es dennoch: das Gefühl der Sicherheit, Geborgenheit und Identität in einer krisenhaften Welt. Wer sich danach sehnt, darf nicht im Außen suchen, und schon gar nicht mit Rufen nach immer mehr äußerer Kontrolle und Grenzziehung danach gieren. Damit werden nur die bereits beschrieben Teufelskreise weiter angeheizt. **Sicherheit in einer sich immer schneller wandelnden Welt kann nur im Inneren gefunden werden.** Aber wie bekommt man das hin?

Es ist empfehlenswert, gelegentlich eine mutige und ehrliche Exkursion zu den eigenen Ängsten zu unternehmen: Wie lauten meine offenkundigen, wie meine geheimen

Ängste? Sind sie begründet? Wie gehe ich bislang mit diffuser äußerer Bedrohlichkeit um? **Jeder von uns hat hilfreiche Fähigkeiten und Erfahrungen, auf die er zurückgreifen kann**: Was entspannt mich? Wie beruhige ich mich gewöhnlich? Was ist der angenehmste Gedanke, den ich mir über mich selbst in dieser Welt sagen kann? Was in meiner persönlichen, kleinen Welt darf sich ruhig ändern? Was darf bleiben wie es ist? Seien Sie in Krisenzeiten bereit, Unsicherheiten und Vieldeutigkeit stoisch auszuhalten, wenn es eben keine eindeutig verlässlichen Informationen gibt. **Tasten Sie sich mutig voran.** Verschließen Sie sich jeder Form von Angstmache und Hetze.

Das mit der Angst wird früher oder später immer wieder besser. Mit Sicherheit.

*

»Et hät noch immer jot jejange.«

Kölsche Redensart

Typische Denkfehler in Krisenzeiten – und wie man sie vermeidet

Der erfolgreiche individuelle Umgang mit persönlichen wie gesellschaftlichen Krisen erfordert eines zwingend: gutes Denken. Wer allein auf sein Bauchgefühl, die Intuition, etwas Glück und spontane Eingebungen setzt, riskiert unnötig Kopf, Kragen, seine psychische Gesundheit und am Ende womöglich das Leben in einer freien Gesellschaft. Aber wie findet man einen angemessenen gedanklichen Umgang mit einer krisenhaften Welt für sich? Wie geht das, ›gutes Denken‹?

Zuerst verlangt es die Bereitschaft und Fähigkeit, das eigene Denken überhaupt zu reflektieren. Man könnte auch sagen: Über das Denken nachzudenken - Metadenken. **Es beginnt damit, nicht alles zu glauben, was man denkt.** Wer nicht gleich alles für bare Münze nimmt, was ihm an Gedankenfetzen durch den Kopf schießt, der posaunt (oder twittert) auch nicht sofort alles hinaus, sondern hält erstmal besonnen inne. Und das ist die Voraussetzung dafür, die eigenen Gedanken betrachten und in Frage stellen zu können - die wichtigste Grundregel des guten Nachdenkens. Es tut einem selber, den Mitmenschen und auch der Demokratie gut, wenn man seine Umwelt nicht mit jedem Gedanken überflutet, der mit spontanen Gemütsregungen daher schwappt. Egal ob im Ehebett, im Café, im Büro oder den sozialen Medien.

Allerorten werden Stimmungen und Meinungen in die Welt hinausposaunt. Es erzeugt leicht Resonanzen und gefährliche Dynamiken in den eigenen Hirnwindungen, wenn man sein mentales Eigenleben nicht gelegentlich aus sicherer Distanz betrachtet. Sonst kommt am Ende nicht immer Brauchbares heraus. Oder, um ehrlich zu sein: viel zu häufig leider ganz schöner Mist. Nicht alle Gedanken sind, nur weil man sie hat, die eigenen. Also: Gerade im Angesicht von Krisen und unter dem Dauerfeuer der sozialen Medien sollte man immer wieder in Ruhe den Verkehr der eigenen Gedanken ordnen. Die Geisterfahrer in den Neuronenautobahnen identifizieren. Und in Betracht ziehen, dass sich der ein oder andere Gedanke auf dem Holzweg befindet oder droht, in eine Sackgasse abzubiegen.

Wir werden uns in den nächsten Kapiteln anschauen, wie man krisentaugliches Denken gezielt begünstigen kann. Dazu werde ich Ihnen im Folgenden die gefährlichsten gedanklichen Irrtümer und Fallen aufzeigen, die regelmäßig den Weg in die Tiefen von Krisen pflastern. Und wie man sie vermeidet.

*

»Dumme Gedanken hat jeder,
nur der Weise verschweigt sie.«

Wilhelm Busch
deutscher Dichter und Zeichner
(aus: Aphorismen und Reime)

Wenn man denkt, man denkt, dann denkt man nur, man denkt

Wie bereits dargelegt, sind Krisen nicht einfach nur etwas komplexere Probleme. Krisen verlangen eine eigene, andere Herangehensweise. Es braucht neue Konzepte und Ideen, die über das Alte hinausgehen, um mit Krisen klarzukommen und sie zu überwinden. Beim Nachdenken kommt jedoch eine weit verbreitete Illusion ins Spiel: Man denkt, dass man ordentlich über Krisen nachdenkt und nach neuen Ansatzpunkten zum Umgang mit Ihnen sucht. Das bedeutet jedoch noch lange nicht, dass man es tatsächlich tut. Unbewusste Mechanismen führen in die Irre und täuschen es einem häufig nur vor ...

*

Peter hat tiefe Ränder unter den Augen. Es ist 11 Uhr vormittags, er hängt wie ein nasser Waschlappen auf dem Sessel in meinem Sprechzimmer. Es wäre noch geschmeichelt, zu behaupten, er sehe etwas unausgeruht aus. Müde und erschöpft presst er heraus: »*Seit Wochen schlafe ich kaum noch! Nacht für Nacht liege ich wach und denke darüber nach, wie ich mein Leben wieder in den Griff bekommen könnte. Ich gebe mir wirklich Mühe, endlich Lösungen zu finden! Ich möchte gewappnet sein für die Zukunft! Aber ich komme irgendwie nicht voran!*« Kein Wunder, wenn man sich anschaut, was er in seinem Geiste für nächtliche Turnübungen vollführt: »*Was wenn mich meine Frau verlässt? Was wenn ich meinen Job verliere? Was wenn ich schlimm krank werde? Was wenn meine Kinder keinen anständigen Schulabschluss schaffen? Was wenn die Europäische Union ausei-*

nanderfällt? Was wenn Trump die Welt in Schutt und Asche legt? Was wenn alles im Chaos versinkt? Was wenn ...«

Das, was Peter für intensives, lösungsorientiertes Nachdenken hält, ist toxischer, kognitiver Sondermüll. Er denkt nicht, er grübelt. Sein Verhalten ist vergleichbar mit einem Autofahrer, der mit seinem PKW tief im Schlamm steckt und immer weiter aufs Gaspedal drückt, anstatt auszusteigen und die Sache von außen zu betrachten. Denken erkennt man daran, dass es zu sinnvollen Ergebnissen führen kann, zu neuen Erkenntnissen und neuen Handlungsansätzen. Daran, dass es einen Punkt gibt, wenn man die Sache durchdacht hat. Grübeln hingegen hat keinen Punkt und kein Ergebnis. Es führt nicht zu mehr Handlungsfähigkeit, sondern zu ohnmächtiger Lähmung. Wenn schon unbedingt grübeln, dann sollte man dazu in die Besenkammer gehen, und nicht sein Bett damit verseuchen. Und sich nicht obendrein einbilden, dass man sinnvoll nachdenkt.

*

Abends, kurz nach 20 Uhr. Sofa, ich habe die Füße hochgelegt, die Tagesschau läuft. Die Lage ist ernst. Es wird gerade über eines der traurigen Schauspiele auf der weltpolitischen Bühne berichtet. Krisentheater mit ganz vielen ernsten Krisenmanagern, Episode 378, Fortsetzung folgt. Plötzlich muss ich lauthals loslachen. Bereits Sekunden später bleibt mir das Lachen wieder im Halse stecken. Ein Witz schoss mir gerade durch den Kopf, ließ mich den Ernst der Lage kurz vergessen, um ihn mir dann umso schonungsloser vor Augen zu führen:

Ein Mann kommt des Abends nach Hause und findet seinen Nachbarn in angetrunkenem, beunruhigtem Zustand vor, wie der gerade auf allen vieren unter einer Straßenlaterne herumkrabbelt und scheinbar nach etwas sucht.

»Was suchen Sie denn da?«

»Meinen Schlüssel.«

»Oh, ich helfe Ihnen gerne.«

So begibt sich der Mann auch auf den Boden, sucht ebenfalls, jedoch ohne Erfolg. Nach einiger Zeit fragt er schließlich:

»Wo haben Sie den Schlüssel denn eigentlich verloren?«

»Da hinten, in der dunklen Gasse.«

»Warum in alles in der Welt suchen wir dann nicht dort nach dem Schlüssel?«

»Das Licht ist hier doch viel besser!«

Der Witz illustriert, wie sich der geistige Suchkegel bei der Erkundung von Möglichkeiten zur Besserung der Lage gerne in der konservativen Komfortzone bewegt. Niemand soll durch alternative Ansätze oder zu revolutionäre Vorschläge verschreckt werden. Die anderen nicht, und natürlich schon gar nicht man selbst. Dann lieber öffentlich und selbstwertschonend demonstrieren, dass intensiv nach Lösungen gesucht wird. Die Selbst- und Fremdtäuschung transportiert eine klare, vermeintlich beruhigende Botschaft: Es wird hart an der Entschärfung der Situation und der Überwindung der Probleme gearbeitet. Man bleibt dran. Alles unter Kontrolle. Was zählt, ist die glaubhafte Inszenierung, auch vor sich selbst. Ist sie gelungen, denken am Ende alle, dass ordentlich nachgedacht und Wege zur Beseitigung von Missständen gesucht wurden, oder wenigstens doch für den Umgang mit ihnen.

Aber wenn das Suchgebiet auf die bisherigen Denkmodelle und Ansätze beschränkt bleibt, können dabei unmöglich neue Ideen herauskommen. Nur mehr des Immergleichen, bestenfalls mit neuen Etiketten. Saurer Wein wird durch das Umfüllen in neue Schläuche freilich nicht genießbar.

Und so spitzt sich die Lage immer weiter zu. Die gefundenen „Lösungen" lassen Probleme weiter anwachsen und transformieren sie schließlich in ausgewachsene Krisen. Wenn schließlich nicht mehr geleugnet werden kann, dass sich die Verhältnisse zu einer umfassenden Krise weiterentwickelt haben, nimmt die Fokussierung auf alte Denkmuster gewöhnlich noch einmal zu. Immer mehr Energie wird darauf verwendet, dass alles so bleiben darf bzw. muss, wie es ist. Eine gewaltige Selbst- und Fremdtäuschung.

Echtes Nachdenken sieht anders aus. Ideologisches Beharren auf alten Denkmodellen ist ein sicheres Rezept für die weitere Vertiefung von Krisen und ihre Überführung in Katastrophen. Das Tragische daran ist, dass tatsächlich geglaubt wird, man habe an der Überwindung von Missständen gearbeitet.

In Krisenzeiten besinnen sich Menschen gerne auf vermeintliche ›Gewissheiten‹. Wenn das Alte bedroht ist, haben neue Gedanken keine Konjunktur. Lieber zurück in eine vermeintlich glorreiche Vergangenheit. Ebendies wird dann auch von den professionellen Krisenmanagern erwartet. Denn wer will schon durch ›umfassende Reformen‹ oder gar

›neue experimentelle Ansätze‹ verunsichert werden? Es ist nachvollziehbar und nur allzu menschlich: Man will den Bestand gewahrt wissen.

Wenn Sie für sich mal wieder zu dem Schluss kommen sollten, mit Missständen, Ungewissheit und Chaos konfrontiert zu sein, dann prüfen Sie Ihr Denken: Suchen Sie wirklich nach neuen Möglichkeiten, um mit der Situation klarzukommen und Ihren Teil zu deren Überwindung beizutragen? Oder denken Sie das nur, betreiben tatsächlich aber Denk-mal-Pflege für die eigene, alte Denke? Oder grübeln Sie gar? **Haben Sie lieber den Mut, *wirklich* nachzudenken – selbst, wenn es wehtut!**

Wenn man nur sieht, was man schon denkt

Die eben geschilderte gedankliche Täuschung ist eng verwandt mit einem anderen Denkfehler: der Tendenz zur Selbstbestätigung, im psychologischen Fachjargon ›Confirmation Bias‹ genannt. Ich möchte Ihnen das mal behutsam aufzeigen. Fangen wir wieder mit einem Witz an:

Kommt ein Tscheche zum Augenarzt. Der hält ihm die Buchstabentafel vor.
Auf der steht: **S Z W A X N Y S T E C Z**
Er fragt ihn: ‹Können Sie das lesen?›
›Lesen???‹ ruft der Tscheche erstaunt aus.
›Ich kenne den Kerl!!!‹

Wir nehmen die Welt nicht objektiv wahr. Was wir bereits im Kopf haben, beeinflusst massiv, was wir wahrnehmen. Wir sehen, was wir kennen – schlimmer: Was wir sehen wollen. Ebenso wie sich Eisenspäne entlang der Feldlinien um einen Magneten anordnen, formen sich neue Erfahrungen um die bisherigen Konzepte in unserem Kopf und scheinen diese zu bekräftigen. Was nicht zur Bestätigung taugt, vom Magneten nicht angezogen und geordnet werden kann, rieselt leicht durch. Irritierendes muss und sollte mit bewusster Anstrengung festgehalten werden – weil es die Mühe wert ist. Ein weiteres Beispiel:

Denk imemr ncah, du Hlozkpof! Mchae dir kalr, dsas dien bisheriges Wssien, dneie bheisrgien Meniunegn dneie Wahrnehmungen missav beinfessluen, ob du wisllt oedr nciht. Das ist soagr bei der Sprchae so. Huasptchae der esrte und ltezte Bustachbe eiens Wtoers stemmin. Der Rset dazwischen knan tatol bldösnniig druchneindaer gweüreflt sien, du knanst es trzoetdm lseen. Krsas, oedr?!

Wir sehen das, was wir schon kennen und was unseren Denkrastern entspricht. In diesem Fall sind dies Wörter und Sätze in deutscher Sprache. Unstimmigkeiten werden galant eingeebnet. Im psychischen Alltagsbetrieb kann das gelegentlich hilfreich sein. Mögliche Irritationen lenken nur ab und werden deshalb unbewusst herausgefiltert. Wir können uns auf das Wesentliche konzentrieren – oder das, was wir dafür halten. In der Frühzeit der Menschheitsgeschichte, als fast alles immer gleichblieb, war das ausgesprochen sinnvoll. Rote Pilze mit weißen Punkten sind giftig, Löwen sind gefährlich, Erdbeeren sind bekömmlich, das Wasser aus jener Quelle kann man trinken. Die einmal gefundenen Ansichten funktionierten über Generationen hinweg. Unsere Urahnen konnten vertrauensvoll an den alten Weisheiten festhalten und brauchten sich nicht unnötig verunsichern lassen. Es war wichtig, das gedankliche Destillat des Überlebens zu konservieren und gegen lästiges Hinterfragen zu immunisieren. Und natürlich gibt es auch heute Dinge, die dauerhaft gültig sind. Dass man nicht auf eine heiße Herdplatte fassen und nicht ohne zu schauen eine vierspurige Straße überqueren sollte, muss man nicht immer wieder neu ausprobieren.

In einer hochkomplexen, dynamischen, sich immer schneller wandelnden Welt ist es jedoch töricht, den Selbstbestätigungsmodus grundsätzlich weiterlaufen zu lassen und nicht einmal zu erkennen. **Die Welt um uns herum wandelt sich ständig, also muss auch unser Denken sich ständig mitwandeln, ob wir wollen oder nicht.** »*Was gestern noch galt, gilt schon heute oder morgen nicht mehr*« sang der deutsche Liedermacher Hannes Wader bereits 1972 in seinem Lied »*Heute hier, morgen dort*«. Seit Jahrzehnten beginnt Wader seine Konzerte mit diesem Lied. Man könnte es als Erinnerung an den ständigen Wandel und die Notwendigkeit des Denkens verstehen.

Ein weiteres Beispiel: In der Frühzeit des Automobils konnten Frauen tatsächlich schlechter Auto fahren als heute. Sie hatten keine Übung, da sie von den Männern nicht ans Steuer gelassen wurden. Das ist in Saudi-Arabien heute noch so: Frauen ist es dort verboten, Auto zu fahren. Vor hundert Jahren (oder gegenwärtig auf der arabischen Halbinsel) stimmte der Satz »*Frauen können nicht einparken*« also im Wesentlichen. Heute jedoch nicht mehr. Trotzdem erhält mancher Mann diese überkommene Ansicht gerne aufrecht. Um ›Beweise‹ für das eigene Denken zu finden, genügt es, sich für eine halbe Stunde in einer Großstadt an einer befahrenen Straße aufzuhalten. Mann wird mit großer Sicherheit ein weibliches Wesen finden, dem es nicht gelingt, geschickt mit zwei Schwüngen in eine knappe Parklücke hineinzustoßen. »*Ha! Da sieht man es wieder: Frauen und Autofahren ...!*« Der junge Mann jedoch, dem es auf der gegenüberliegenden Straßenseite ebenso wenig gelang, ist nicht weiter aufgefallen. Und die Frau, die vorher ein paar Meter weiter lässig eingeparkt hat, wird ebenfalls übersehen. Weil beide nicht ins Muster passen. Confirmation Bias.

Im dargestellten Fall kommt noch ein beliebter erkenntnistheoretischer Anfängerfehler hinzu. Die Stimmigkeit eines Gedankens bemisst sich nämlich nicht danach, ob es gute Belege *für* ihn gibt. Will man ein Gedankengebäude ernsthaft auf seine Gültigkeit überprüfen, muss man nach *entkräftenden* Beobachtungen Ausschau halten. Gelingt dies nicht, kann eine theoretische Annahme zumindest vorerst als brauchbar angesehen werden. Die These, Frauen könnten generell nicht einparken, lässt sich aber sehr leicht widerlegen – eine halbe Stunde an einer belebten Straße genügt dafür.

Aber zurück zum Confirmation Bias. Selbst wenn man sich in einer misslichen Lage befindet, neigt die Psyche dazu, alle Wahrnehmungen entlang des Bisherigen glatt zu bügeln. Mehr noch: Der mentale Apparat hält gezielt nach allem Ausschau, was alte Meinungen, Sichtweisen und Lösungsansätze bestätigt. Das alte mentale Inventar will unter seinesgleichen bleiben. Das Tragische daran: Aus alten Denkrastern werden Vorurteile und Denkblockaden, und aus Denkblockaden resultieren ungeeignete Lösungsversuche. Diese begünstigen Krisen, und Krisen enden leider viel zu häufig ohne Not in Katastrophen. Und dies, weil erst viel zu spät bemerkt wird, dass das alte, selbstbestätigende Denken genau die Entwicklungen mit verursacht, die es eigentlich bekämpfen will. Der Confirmation Bias beschreibt im Grunde einen extrem konservativen Einrichtungstrend im Kopf: sozusagen mentale Möblierung im Stil Eiche rustikal. Und zur Eiche passt nun mal fast nichts Neues.

Der Selbstbestätigungsfehler sorgt also dafür, dass mehrheitlich das ins Bewusstsein eingelassen wird, was dem vertrauten Mobiliar im Oberstübchen entspricht. Dadurch werden die alten Gedankengänge sorgsam weiter gepflegt und vor Infragestellungen bewahrt. Somit wird weiter das getan, was immer getan wurde. Und wenn weiter das getan wird, was bisher getan wurde, wird vorerst weiter das geerntet, was bisher geerntet wurde. Mittelfristig führt der Weg jedoch immer tiefer in die Krise.

Eigentlich hört es sich völlig banal an und scheint auf den ersten Blick nicht sonderlich schwer zu sein: **Wenn man etwas anderes will als das, was man hat, muss man etwas anderes machen als bisher.** Gewiss: Das verlangt nach Offenheit für Verstörendes, Irritierendes, Verwirrendes. Denn nur dann kann auch anders, neu und besser nachgedacht werden. Und angemessener gehandelt werden.

Der Blick in die krisenhafte Gegenwart legt jedoch eine Befürchtung nahe: Vielleicht hat sich der Geist der Aufklärung und damit die Bereitschaft zum (durchaus manchmal recht anstrengenden) Gebrauch des eigenen Verstandes über die Jahrhunderte erschöpft. Vielleicht sind viele Menschen des Nachdenkens müde. Während IKEA draußen zum regelmäßigen Austausch der Stubeneinrichtung aufruft, herrscht drinnen, im Oberstübchen, mehr und mehr der Drang zur Beständigkeit. Werbung für den Austausch mentalen Interieurs hat keine Konjunktur, im Gegenteil.

Folgerichtig bieten uns Google, Facebook, Amazon und andere ›Genau-das-willst-du-doch-finden-Maschinen‹ voreingestellt so zweifelhafte Segnungen wie die ›personalisierte Suche‹ an und Algorithmen auf Basis künstlicher Intelligenz erahnen zielsicher unsere Vorlieben, Ansichten und Vorurteile – um sie dann zu bedienen. Auf Anfragen hin (und sogar auch ungefragt) bekommt man exakt das präsentiert, was zu den bisherigen eigenen Anfragen und Verhaltensweisen im Internet ›passt‹: Werbung, Suchergebnisse, Informationen, Nachrichten, Angebote, etc. Alles schön entsprechend der bisherigen geistigen Einflugschneise. Die Macht des Zufalls, das Stolpern über ungeahnt Neues wird so dank ausgefeilter Algorithmen systematisch ausgesperrt.

Der deutsch-koreanische Philosoph Byung-Chul Han drückt das so aus: »*Die sozialen Medien und personalisierten Suchmaschinen errichten im Netz einen absoluten Nahraum, in dem das Außen eliminiert ist. Dort begegnet man nur sich und seinesgleichen. Es ist keine Negativität mehr vorhanden, die eine Veränderung möglich machen würde. Diese digitale Nachbarschaft präsentiert dem Teilnehmer nur jene Ausschnitte der Welt, die ihm gefallen. So baut sie die Öffentlichkeit, das öffentliche, ja kritische Bewusstsein ab und privatisiert die Welt.*«[10]

100

Verschwörungstheorien erleben aktuell einen Boom. Sie erklären die komplizierte, unübersichtliche Weltlage in einfachen Linien. Rational widerlegen kann man sie nicht, denn Verschwörungen finden naturgemäß im Verborgenen statt und entziehen sich der Überprüfung. Damit widersprechen sie einem der wichtigsten Grundsätze des klugen Denkens, der schon beim obigen Beispiel zum Thema Frauen und Einparken angerissen wurde: Jede Behauptung muss prinzipiell überprüf- und widerlegbar sein. Während Verschwörungstheorien also nicht widerlegt werden können, lassen sich jedoch (vor allem im Internet) vermeintlich Indizien zu Hauf finden, die sie scheinbar ›beweisen‹.

Das Web präsentiert gerne endlos Belege für die eigenen Annahmen und schrulligen Ideen. Man wird höflich auf entsprechende Blogs, Bücher und Videos aufmerksam gemacht und subtil weiter in die einmal eingeschlagene gedankliche Richtung geschubst. Die Google-Algorithmen dienen dann als ideologische Radikalisierungshelfer, und nicht der breiten Meinungsbildung.

Wenn Sie das nicht wollen, sollten Sie die personalisierte Suche lieber konsequent ausschalten. Nutzen Sie verschiedene Suchmaschinen und Informationsquellen. Achten Sie bei den Quellen auf gute Recherche, Transparenz und Überprüfbarkeit. **Hüten Sie sich davor, lediglich nach weiteren Bestätigungen dessen zu suchen, was Sie eh schon meinen zu wissen.** Suchen Sie gezielt nach sachlichen Informationen, die Ihre Ansichten in Frage stellen könnten. **Hören Sie gerade auch die Argumente an, die Sie nicht hören wollen.** Laden Sie andere ein, Sie höflich zu kritisieren. Seien Sie offen für alternative Vorschläge, auch aus

Richtungen, aus denen Sie nichts Hilfreiches erwarten. Schalten Sie Ihr Navi gelegentlich aus. Gönnen Sie es sich, neue Wege zu entdecken oder sich gar zu verirren. **Nutzen Sie alle sich bietenden Möglichkeiten, um geistig durchzulüften.** Das tut mehr Not denn je. Es empfiehlt sich, ein paar Fenster im Oberstübchen dauerhaft gekippt stehen zu lassen. Dann fühlt sich das Neue eingeladen, kann leichter hereinwehen und für positive Überraschungen sorgen.

Wenn andere Gedanken Hausverbot haben

Drei junge Kerle sitzen, niedergeschlagen und mit Tränen in den Augen, auf der Bank vor Ihrem Haus. *„Was ist denn mit euch los, ihr Armen?"*, fragt der Nachbar einfühlsam, als er gerade vorbeikommt. *„Unser lieber Vater ist gestorben, und wir schaffen es nicht, seinen letzten Willen zu erfüllen."* Auf Nachfrage erläutern die Trauernden das Testament: *„Der Vater besaß eine Herde von 19 Kamelen. Ich, der Älteste, soll die Hälfte davon bekommen, der Mittlere ein Viertel, und der Jüngste ein Fünftel. Aber wie wir es auch drehen und wenden: Es gelingt uns einfach nicht, unserem Vater gerecht zu werden. Wir bekommen die Aufteilung des Erbes nicht hin. Es ist schrecklich!"*

Die drei Männer sind Gefangene der Tabus ihres eigenen Denkens geworden, doch der Nachbar hilft ihnen, diese Krise zu überwinden: *„Jungs, ich habe zwar nur ein einziges Kamel, aber das kann ich euch gerne ausleihen. Dann habt ihr zusammen 20 Kamele. Dann nimmst du, der Älteste, gemäß dem Willen eures Vaters, die Hälfte davon, also 10 Tiere. Der Mittlere* *bekommt sein Viertel, das sind 5 Tiere. Und der Jüngste bekommt sein Fünftel, also 4 Tiere. Das macht zusammen genau 19. Und mein Kamel nehme ich einfach wieder mit nach Hause ...“*

Sind Sie verwirrt? Klären wir die Sache auf: Unter der Annahme, dass die Tiere den Übergang der Besitzverhältnisse überleben sollen, darf die Zahl 19 nur in ganze natürliche Zahlen zerlegt werden. Da 19 jedoch eine Primzahl ist, gelingt die Teilung nicht. Unausgesprochene Tabus verhindern die erfolgreiche Überwindung der durch den Todesfall ausgelösten Krise. Tabu 1: Kein Tier darf getötet und zerteilt werden. Tabu 2: Der Aufteilungsschlüssel darf nicht ein Jota verändert werden. Damit bleibt die Gleichung mathematisch unauflösbar. Doch dem Nachbarn gelingt es mit seinem Trick, Tabu 2 aufzuweichen und damit die Krise einer erfolgreichen Bewältigung zuzuführen.

Tabus sind einer der perfidesten und gefährlichsten Denkfehler. Sie können die Möglichkeiten, gewisse Aufgaben zu bewältigen, radikal reduzieren, manchmal auf eine einzige ›Alternativlosigkeit‹, und manchmal, wie im obigen Fall, sogar auf null. Dann ist die Krise vorprogrammiert, oder, wenn sie vorher schon da war, endgültig unlösbar. Ideologien jeder Art sind eine wunderbare Möglichkeit, eine Vielzahl von Tabus in Stellung zu bringen und damit zahlreiche Handlungsmöglichkeiten zu eliminieren. Das Gegenprogramm dazu heißt demokratischer Diskurs: Alles darf immer und überall gedacht, ausgesprochen, diskutiert und bewertet werden. Die gedanklich-tabuisierenden Leitplanken sind auf die Verfassung und die darin verbürgten Menschenrechte begrenzt. Gute Voraussetzungen, um für anstehende

Aufgaben Lösungen zu finden, das Krisenpotential zu minimieren und unvermeidbare Krisen zu bewältigen.

In viele Alternativlosigkeiten denken wir uns selbst gekonnt hinein, indem wir einer Entweder/Oder-Logik zum Opfer fallen. Beispiel: Entweder den Job wechseln (da unglücklich im alten Job) oder den Job behalten. Ein Wechsel würde aber bedeuten, die sichere und unbefristete Arbeitsstelle gegen ein unsicheres Arbeitsverhältnis (Probezeit) einzutauschen. Der Verbleib im alten Job wird somit als alternativlos angesehen. Entweder/Oder-Logiken sind der Versuch, eine Situation quasi ›digital‹ aufzulösen, in ein ja oder nein. Dabei wird übersehen, dass es nie nur zwei, sondern immer fünf grundsätzliche Optionen gibt, Situation zu entscheiden. Hinzu kommt nämlich noch das ›Weder-noch‹ (= erstmal arbeitslos werden; oder familiärer Rollenwechsel, der Partner stockt seinen Job auf und kümmert sich fortan um das Einkommen; oder Selbständigkeit aufbauen) und das ›Sowohl-als-auch‹ (= den alten Job reduzieren und parallel etwas Neues beginnen). Schließlich gibt es noch die ›All-dies und-auch-das-nicht!‹-Variante, was bedeuten würde, das Entscheidungsmuster zu durchbrechen und zu verlassen. Im vorliegenden Fall denkbar: Die Sicherung der Existenz und die Rolle als arbeitende Person nicht mehr als relevant ansehen und beispielsweise erstmal minimalistisch die Welt durchwandern.

Selbstauferlegte Denkverbote verhindern leider allzu oft den erfolgreichen Umgang mit Krisensituationen. Aber manchmal entsteht auch eine ungute und demokratieschädigende Kultur, indem gesellschaftliche Würdenträger Alternativlosigkeit behaupten. Bekannt dafür war die britische

Premierministerin Margaret Thatcher. Für ihren wiederholten, nachdrücklich vorgetragenen Ausspruch »*There Is No Alternative!*« erhielt sie den Spitznamen TINA. Sie trat 1990 von der politischen Bühne ab, das TINA-Prinzip tat es nicht. Viele weitere Politiker in zahlreichen Ländern bedienten ebenfalls die schlichte Sehnsucht vieler Wähler nach Eindeutigkeit, und den eigenen Wunsch nach dem Ersticken demokratischer Debatten im Keim. 2010 wurde der Ausdruck ›alternativlos‹ gar zum Unwort des Jahres gekürt, nachdem der Begriff von der deutschen Kanzlerin Angela Merkel im Zusammenhang mit dem Vorgehen in Bezug auf Griechenland verwendet wurde. „*Das Wort suggeriert sachlich unangemessen, dass es bei einem Entscheidungsprozess von vornherein keine Alternativen und damit auch keine Notwendigkeit der Diskussion und Argumentation gebe*", so die Jury zur Begründung.

Handlungsoptionen immer wieder für ›alternativlos‹ zu erklären, beschädigt das freie Denken und somit die Demokratie. Und damit die Fähigkeit, Probleme zu lösen und Krisen human zu bewältigen. Ein ›Genau so wird es gemacht!‹ ist nie alternativlos. Aber Vorsicht! Nicht alles was sich ›Alternative‹ nennt, ist auch eine. Manchmal kommen neue TINA-Wölfe auch im Schafspelz einer vermeintlichen Alternative daher.

Veränderungen in der Welt verlangen Veränderungen in den Köpfen – alternatives Denken. Nicht alle TINAs sind irgendwo draußen als lebendige Personen unterwegs. Viele der kleinen Biester sitzen bereits im eigenen Kopf. Wir alle schleppen gewisse Glaubenssätze wie heilige Monstranzen mit uns herum. Welche könnten es bei Ihnen sein?

Welche Alternativlosigkeiten und Tabus legen Sie Ihrem Denken und Handeln vielleicht auf, ohne es bislang zu bemerken? **Denken Sie gelegentlich in Alternativen, als mentales Dehnungstraining.**

Wenn man denkt, die Anderen werden schon recht haben

B isweilen braucht es keine lauthals verkündeten Alternativlosigkeiten, um sich Scheuklappen anzulegen. Die Dummheit anderer genügt, und schon schließen auch wir uns ihr an und übersehen dabei andere Handlungsmöglichkeiten: das Prinzip der sozialen Bewährtheit. Es wirkt besonders gut, wenn die Situation unübersichtlich ist, und wir verunsichert sind. In Krisen also. Millionen folgten Josef Goebbels` Akklamation des »*Totalen Krieges*« in seiner berüchtigten Sportpalastrede vom 18. Februar 1943, weil sie am Radiogerät hörten, wie ein vermeintlich repräsentativer Ausschnitt der deutschen Bevölkerung im Berliner Sportpalast anwesend war und frenetisch Beifall klatschte. Je ähnlicher uns die Masse erscheint, desto eher sind wir geneigt zu folgen. Wir klatschen im Theater, weil und solange die anderen klatschen. Wir lachen über schlechte Gags in langweiligen amerikanischen Sitcoms, weil wir Lacher vom Band hören. Wir lassen uns Bärte wachsen, weil viele andere das jetzt auch tun. Wir kaufen das neueste iPhone, und die ganz

Ausgeschlafenen übernachten zum Verkaufsstart sogar vor den Apfelläden – weil das auch andere tun. Verhalten ist ansteckend, ebenso Gedanken, erst recht Gefühle wie Angst, Panik, Wut, Hass. Wir investieren in Aktien, Gold und Immobilien, weil die Kurse steigen und andere den Kauf anscheinend für eine gute Idee halten. Das ist die psychische Grundlage für Blasenbildung an den Börsen, und andersherum auch für Verkaufspanik.

Ein eindrückliches Beispiel: Anfang 2016 wurden im deutschsprachigen Raum binnen weniger Tage die Tränengasvorräte in den Läden leergekauft. Die Leute meldeten sich wie verrückt für Selbstverteidigungskurse an, beantragten kleine Waffenscheine und informierten sich über Waffenbesitzkarten. Bei vielen war die blanke Angst ausgebrochen, weil in den Medien über so viele Menschen berichtet wurde, die aufrüsteten, weil sie sich bedroht fühlten und Angst hatten. Was war passiert? In der Silvesternacht 2015/16 war es zwischen Kölner Dom und Hauptbahnhof zu umfangreichen sexuellen Übergriffen durch Tätergruppen mit Migrationshintergrund gekommen. Die Ereignisse führten zu großem internationalen Medienecho. Die Berichterstattungen erfolgten unter teils emotional gefärbten Überschriften: »*Horror-Nacht in Köln: Müssen Frauen Angst vor weiteren Übergriffen haben?*« (Web.de 9.1.2016), »*Innere Sicherheit nicht gewährleistet*« (ARD, Bericht aus Berlin, 17.1.2016), »*Wie schütze ich mich gegen einen Sex-Mob?*« (Bild online, 5.1.2016), »*Deutsche decken sich massenhaft mit Pfefferspray ein*« (Die Welt online, 8.1.2016). In der Folge stieg tatsächlich kurzfristig massiv die Nachfrage nach unterschiedlichsten Selbstverteidigungsangeboten. Die subjektiv gefühlte Gefährdungstemperatur schoss durch die Decke. Imposantes Indiz dafür ist auch der explosionsartige Anstieg der Google-Suchanfragen zu den Begriffen »Selbstverteidigung«, »Pfefferspray« und »Baseballschläger« im Januar 2016. Bereits im März sanken die Anfragen wieder auf Normalniveau.

Vielfach scheinen die Menschen dieser Tage ›hyperreagibel‹ zu sein, ausgestattet mit enormem nervösen Potential. Sie lassen sich von den Massen mitreißen, oder vielmehr von dem, wie sie die anderen Menschen – ihr Fühlen, Denken und Handeln – subjektiv über Medien und soziale Netzwerke wahrnehmen. Die Inkubationszeiten emotionaler Ansteckungen haben sich dank der sozialen Medien auf die Zeitspanne verkürzt, die es braucht, um bei Twitter einen Tweet von maximal 280 Zeichen abzusetzen. Die beruhigende Strahlkraft der alten mentalen Landkarten, Selbstverständlichkeiten, verbindenden Rituale und ordnenden Weltbilder verblassen gegenwärtig in atemberaubenden Tempo.

Manchmal reicht schon die entschlossene Tat eines Einzelnen wie ein Suizid oder Amoklauf, um andere Menschen in wackeligen Lebenssituationen ebenfalls mitzureißen und zur Nachahmung zu motivieren. Das war schon zu Goethes Zeiten so. Bestimmt haben Sie die Handlung seines Welterfolgs »Die Leiden des jungen Werther« von 1774 noch präsent, nicht wahr? Nun gut, für den unwahrscheinlichen Fall, dass dies doch nicht so sein sollte, hier eine Zusammenfassung des Inhaltes: Junger, unglücklich verliebter Mann bringt sich um. Die Folge der Buchveröffentlichung? Es kam zu zahlreichen Nachahmungs-Suiziden unter jungen Männern. Manche Zeitgenossen sprachen von einer regelrechten Epidemie. Die Psychologie hat sich eingehend mit dem Phänomen beschäftigt, spricht noch heute vom ›Werther-Effekt‹, oder auch von ›medial vermittelten Nachahmungs-Suiziden‹.

Die westlichen Medien gehen mit dem Wissen um diesen Effekt meist verantwortungsvoll um. Der Deutsche Presserat empfiehlt in seinen (nicht bindenden) Richtlinien: »*Die Berichterstattung über Selbsttötung gebietet Zurückhaltung.*« Und der Schweizer Presserat gibt in seiner Leitlinie vor: »*Journalistinnen und Journalisten üben bei Suizidfällen größte Zurückhaltung. Um das Risiko von Nachahmungstaten zu vermeiden, verzichten Journalistinnen und Journalisten auf detaillierte, präzise Angaben über angewandte Methoden und Mittel.*« Medien sind nicht losgelöster, beobachtender Teil der Realität. Sie beobachten und beschreiben Wirklichkeiten, sind selbst gleichzeitig Teil derselben und erzeugen sie dadurch auch immer mit.

Auch die PR-Abteilung des „Islamischen Staats" weiß um die Schwächen unseres Denkens und den Werther-Effekt. Mediale Vermittlung bedeutet für den IS-Rekrutierungsdienst heute Internet, als nachahmenswert dargestellt wird ein hollywoodreifes Sinnangebot: Der ultimative Kampf der Guten (Islamisten) gegen das Böse (die Ungläubigen). Ziel der Message: Sinnsuchende. Junge Männer in westlichen Ländern, die eine Lebensaufgabe suchen, aber bereits so viel vergeigt haben, dass ihnen keiner mehr eine Chance geben möchte. Kerle mit ordentlich Testosteron in den Adern, Vorstrafenregister, und dem Wunsch nach einem echten Neuanfang.

»*Können sie haben*«, sagen da die IS-Menschenfänger und reiben sich die Hände. Einfach ein paar Ungläubigen die Köpfe abschneiden, sich ˈnen Sprengstoffgürtel umschnallen und ein paar (ungläubige) Frauen und Kinder in den

Tod bomben, wild mit einer Kalaschnikow auf irgendeinem öffentlichen Platz rumballern, oder mit einem LKW in die Menge rasen. Für den entschlossen Handelnden ist das dann vermeintlich der direkte Lift in den nächsten Level des Spiels, das Paradies.

Der Mechanismus der sozialen Bewährtheit ist evolutionäres Erbe. Nehmen wir als Beispiel unseren gemeinsamen Urahnen, Großonkel Josef, vor 50.000 Jahren. Wieder einmal war er irgendwo im Zweistromland, der Serengeti oder dem Neandertal unterwegs, gemeinsam mit seiner ganzen buckeligen Verwandtschaft. Er pulte gerade entspannt mit einem Grashalm die Reste des letzten Mammuts aus den Zahnzwischenräumen. Vielleicht träumte er dabei von einem Date mit der hübschen Maria, wer weiß das schon. Plötzlich rennt die ganze Horde wie angestochen los, alle in eine Richtung, volle Möhre. Was macht Josef? Er nimmt die Beine unter den Arm und tut es seinen Artgenossen gleich. Nachdenken? Später vielleicht. Jetzt erstmal rennen, es wird schon seinen Grund haben, dass alle los spurten. Und was ist mit den Ahnen, die erstmal nachgedacht haben, bevor sie in wilden Aktionismus verfallen sind? Die hat der Säbelzahntiger aus dem humanen Genpool herausgetilgt.

Wir sind soziale Wesen, brauchen den Zusammenhalt mit anderen. Sich ins Glied einzureihen und anderen – Autoritäten, Vorbildern, Gruppen – zu folgen, ist Teil unserer sozialen DNA. Aber wir müssen heute sehr bewusst darauf achten, dass unsere Fähigkeit, uns anzupassen und die Meinungen anderer anzunehmen, nicht durch Populisten, Autokraten und andere Verführer gegen uns benutzt wird, um unser Denken und damit unsere Meinungsfreiheit zu beschneiden. Sonst wendet sich dieser Teil der sozialen DNA wie eine mentale Autoimmunreaktion gegen uns selbst, und die Ansichten anderer breiten sich ungehemmt in uns aus, wie ein wild wucherndes Geschwür.

Heute taugt der Mechanismus der sozialen Bewährtheit nur noch selten, beispielsweise wenn man in Katmandu aus dem Flieger aussteigt, die Schilder und Zeichen nicht lesen kann, aber die Gepäckausgabe und den Ausgang sucht. Einfach den anderen hinterher. Aber sonst? **Atmen Sie den Impuls, es anderen gleich tun zu wollen, lieber erstmal weg. Und dann in Ruhe nachdenken.**

*

»Um ein tadelloses Mitglied einer Schafherde sein zu können, muss man vor allem ein Schaf sein.«

Albert Einstein
deutscher / schweizer / amerikanischer Physiker

Gefangen in Suggestionen und Trance

Eine persönliche Anekdote: Als junger Mann fiel mir eines Tages zufällig ein Buch in die Hände: *„Freimaurersignale in der Presse. Wie man sie erkennt und was sie bedeuten."* Das Werk war voll mit Portraits von Politikern in alltäglichen Posen – so wie sie eben bei offiziellen Anlässen entstehen. In den begleitenden Texten wurde ausgiebig erläutert, was die jeweiligen Gesten bedeuteten und dass sie allesamt verborgene Zeichen einer geheimen, gefährlichen jüdisch-freimaurerischen Weltverschwörung seien. Als ich am nächsten Tag die Zeitung aufschlug, erschrak ich zunächst sehr: Tatsächlich! Die Verschwörer waren überall! Von fast allen Seiten blickten sie mir entgegen! Unübersehbar!

Dem Buch war es mit seinem angstmachenden und suggestiven Charakter gelungen, mich wenigstens für eine kurze Zeit in einen leichten, aber dennoch gefährlichen Trancezustand zu versetzen. Mein Bewusstsein hatte sich auf bestimmte Aspekte der Umwelt eingeengt und sortierte meine Wahrnehmungen in das einfache Raster Verschwörer – Nicht-Verschwörer.

Suggestionen sind Einladungen, die Welt durch eine bestimmte Brille hindurch zu betrachten und andere Aspekte zunehmend auszublenden. Je mehr Autorität wir der Quelle von Suggestion zubilligen, desto eher sind wir geneigt, der Suggestion zu folgen. Je mehr wir mit krisenhaften Situationen konfrontiert sind und je weniger wie uns einen schlüssigen Reim auf die Ereignisse in der Welt machen können, desto mehr steigt unsere Suggestibilität. Angst und Chaos im

Kopf boosten die Empfänglichkeit in ungeahnte Höhen und machen die Psyche zu einem willfährigen Schwamm, der alle Suggestionen dankbar aufsaugt, die Orientierung versprechen. Im gleichen Zuge nehmen die Fähigkeiten zur rationalen Reflektion rapide ab.

Hinzu kommt: Der Mensch ist bereits von Natur aus ein kognitiver Geizkragen. Netter ausgedrückt: Wir nutzen unser Gehirn unbewusst sehr effizienzorientiert. Wo es statt komplizierter Überlegungen auch eine simple Daumenregel oder ein einfaches Sortierschema tut, sparen wir uns mühevolle Einzelabwägungen. Wir laufen dann in Teilen unserer Psyche in einem tranceartigen Autopilotenmodus, wie von selbst. Wenn das Denken an mutmaßliche Experten und Autoritäten oder auch an die Gruppe als Ganzes delegiert werden kann, ist der Autopilot wohlwollend geneigt, dies zu tun. Die lästige Verantwortung ist man dann auch gleich mit los und gleitet dafür tranceartig dahin.

Je mehr wir unter Zeitdruck stehen oder erschöpft sind, je unklarer und mehrdeutiger die Gesamtlage ist, je knapper brauchbare, verlässliche Informationen sind, je verzweifelter wir mit den Widrigkeiten des Alltags kämpfen oder mit der Sicherung der Existenz beschäftigt sind, desto mehr übernimmt der kognitive Geizkragen das Ruder im Oberstübchen. Dem Verstand bleibt da nur der undankbare Platz als Zaungast.

Krisen sind wahre Bremsklötze für besonnenes, eigenständiges Nachdenken. Der Aufmerksamkeitsfokus engt sich zunehmend ein, und Scheuklappen begrenzen den Blick. Fehlendes Wissen darüber, was los ist, steigert die Empfänglichkeit für klare Botschaften, bilderreiche Sprache und vereinfachende Analogien. Der Neokortex, die Gehirnstruktur, in der die relevanten Teile der bewussten, kognitiven Fähigkeiten sitzen, wird im Angst- und Krisenmodus schlechter versorgt. Das Blut sackt eine Etage tiefer, ins limbische System – vereinfacht gesagt dorthin, wo die Emotionen sitzen. Dann wird immer weniger tatsächlich gedacht, dafür immer mehr gemeint und gefühlt, mal wütend, mal ohnmächtig, mal besorgt, mal seltsam unbeteiligt.

In krisenhaften Zeiten fühlt es sich manchmal an, als ob ein Film um uns herum abläuft, surreal, tranceartig, mechanistisch. Der australische Historiker Christopher Clark betont in seinem Buch »Schlafwandler – Wie Europa in den Ersten Weltkrieg zog« die außerordentliche Komplexität, Vielschichtigkeit und Intransparenz der krisenhaften Entwicklungen, die damals zum Kriegsausbruch führten. Mit nachtwandlerischer Sicherheit seien die damaligen Akteure zunächst auf einem Seil über den Abgrund balanciert und schließlich tragisch in die Katastrophe hineingetaumelt. Aus psychologischer Sicht war die Suggestibilität der Menschen enorm. Nicht zuletzt dank der damals neuen Massenmedien Radio und Film verbreiteten sich die emotionsgetriebenen propagandistischen Einflüsterungen wie Lauffeuer in alle Winkel.

Das suggestible Potential ist heute, im Zeitalter der digitalen Medien und vielfältiger krisenhafter Entwicklungen, gewiss nicht geringer. Manchmal laufen wir wie auf Autopilot, weil wir uns in einer Art gedankenloser Alltagstrance befinden, in der wir uns kaum etwas anderes als die bekannte Normalität vorstellen können. Und manchmal übernimmt der Autopilot das mentale Steuer, weil unübersichtliche Situationen, negative Gefühle und die alltäglichen, alarmistischen Krisenberichterstattungen zusammenkommen und den rationalen Fluss der Gedanken austrocknen.

Deshalb: **Halten Sie regelmäßig inne und überprüfen Sie bewusst, wohin Sie der Autopilot gerade lenkt.** Behalten Sie Ihre Gedanken und Gefühle gut im Auge. Weiten Sie Ihre Sinne und nehmen Sie auch andere Aspekte der Situation wahr. Gönnen Sie es sich, erst einmal runterzukommen, wenn viele Emotionen im Spiel sind. Wenn Sie unter Zeitdruck stehen, dann nehmen Sie sich Zeit. Wenn gerade kaum belastbare Informationen vorhanden sind, dann besorgen Sie sich diese aus verlässlichen und am besten sogar unterschiedlichen Quellen. **Wenn vermeintliche Autoritäten und Experten (auch Bücher) Sie zu etwas auffordern oder Ihnen eine bestimmte Sicht auf die Welt anbieten, dann hinterfragen Sie diese gnadenlos und ohne falschen Respekt.** Und nehmen Sie sich hin und wieder die Zeit, die Suggestionen zu enttarnen, die Sie sich selbst geben. Schalten Sie den mentalen Autopiloten im Zweifelsfall lieber aus, steigen Sie aus Ihren Alltagstrancen aus, ganz besonders bei aufziehenden Krisen. **Denken Sie bewusst, klar, sachlich und ruhig. Denken Sie krisentauglich.**

Krisentugenden: hilfreiche Haltungen für chaotische Zeiten

Selbstreflektiertes Denken und die Vermeidung gedanklicher Irrtümer und Fehler genügen alleine noch nicht, um Krisenzeiten heil zu überstehen. In Anlehnung an Adornos Satz „Es gibt kein richtiges Leben im falschen." gilt: **Es gibt kein krisentaugliches Denken aus einer krisenuntauglichen Geisteshaltung heraus.** Standfestigkeit braucht Wurzeln, und Krisenfestigkeit wurzelt in einer krisentauglichen Geisteshaltung. Die erfolgreiche, humane Bewältigung chaotischer Umbruchzeiten erfordert eine besondere, weiterentwicklungsorientierte Geisteshaltung, eine faszinierende Mischung verschiedener Krisentugenden. Wir werden sie der Reihe nach betrachten.

Zweifeln und Respektlosigkeit

Die erste, wichtigste Krisentugend, Zweifeln und Respektlosigkeit, schimmerte bereits im letzten Kapitel „Typische Denkfehler in Krisenzeiten" etwas zwischen den Zeilen durch, als ich Ihnen verschiedene mentale Fallen und gedankliche Irrtümer aufgezeigt habe. Wer aber lediglich versucht, gewisse Denkfehler nicht zu begehen ohne jedoch die zugrundeliegende Haltung des Zweifelns verinnerlicht zu haben, ist chaotischen Krisenzeiten dennoch ziemlich gnadenlos ausgeliefert. Zweifeln ist keine Frage der richtigen gedanklichen Technik, sondern der Grundhaltung. Deswegen werden wir uns diese Krisentugend nun einmal ausdrücklich anschauen:

Zweifeln ist eine Art positive Respektlosigkeit gegenüber eigenen und fremdem Gedanken, Einstellungen und Ansichten. Es ist der innere Motor der gesellschaftlichen Weiterentwicklung und macht flexibel. Und in Krisenzeiten ist Zweifeln die beste Lebensversicherung. Zweifeln ist kein Problem, das man irgendwie loswerden müsste, im Gegenteil: Zweifeln, als überdauernde Haltung, ist der Weg zur Lösung. Zweifeln ist Ausdruck des eigenen Verstandesgebrauchs. Es ist gelebte Demut. Zweifeln ist die Anerkennung des eigenen Nicht-Wissen-Könnens. Es ist wahre Freiheit: Zweifeln autorisiert uns, nichts glauben und tun zu müssen, was irgendjemand an uns heranträgt. Es bewahrt uns vor der Abhängigkeit von vermeintlich mächtigen Instanzen. **Im Zweifeln und der Respektlosigkeit vor Annahmen, Modellen, Ideen und Weltbildern offenbart sich der wichtigste westliche Wert: Die Freiheit, immer auch anders denken und leben zu können und zu dürfen.** Bei uns im Westen gehört das Zweifeln zum Lebensstil und ist sogar ausdrücklich erwünscht. Es ist ein zutiefst humanistischer Wert. Zweifeln und Freiheit gehören zusammen. Die wichtigste Krisentugend und der wichtigste Wert der Demokratie sind untrennbar miteinander verbunden. Deshalb ist die freiheitliche Demokratie gleichzeitig auch die krisentauglichste aller Gesellschaftsformen.

Denken wir uns einen Menschen, der die Haltung des Zweifelns und der Respektlosigkeit idealtypisch verkörpert, und betrachten wir ihn etwas genauer, quasi als „Tugendmodell":

Der aufgeklärte Profizweifler weiß, dass seine Sicht der Dinge nur *eine* mögliche Sicht von vielen ist. Er fühlt sich frei, sein eigenes Weltbild anzuzweifeln und seine Denke bei Bedarf zu verändern. Bezugspunkte für die Überwindung von Krisen sind für den gekonnten Zweifler alleine seine Beobachtungen und das, was er mit seinem Verstand daraus macht. Als echter Vertreter der reinen Respektlosigkeit glaubt er nicht; er vermutet nur. Wenn`s drauf ankommt, erfindet er sich in Teilen einfach neu. In seinen Gedanken herrscht Gegenverkehr. Ihm ist bewusst, dass Glauben nicht Wissen ist, sondern nur auf subjektiven Annahmen beruht. Das ermöglicht ihm, sich selbst, sein Denken, seine Einstellungen und seine Glaubenssätze von außen zu betrachten – er ist fähig zur Selbstdistanz. Er nimmt seine eigenen Ansichten durchaus sehr ernst und macht sich dennoch entspannt über sie lustig, übt Ironie, karikiert sich und andere. Er diskutiert mit sich selbst darüber, wer und wie viele er eigentlich ist und sein möchte, und er diskutiert und streitet mit seinen Mitmenschen. Das geht sogar so weit, dass er frech in Frage stellen kann, ob seine westlichen Werte wirklich der Weisheit letzter Schluss sind, oder ob das nicht alles irgendwie schräg ist. Gerade dadurch, dass er sowohl seine Ansichten als auch die anderer augenzwinkernd anzweifelt und durch den Kakao zieht, wahrt er den Respekt gegenüber seinen Mitmenschen und sich selbst. Er zweifelt entspannt vor sich hin, ohne zu *ver*-zweifeln.

Den Gegenentwurf zum westlichen, aufgeklärten, positiv-respektlosen Zweifler liefern die Extremisten dieser Welt: Radikale Islamisten, fundamentalistische christliche Sektierer, ultraorthodoxe Juden, Rechtsradikale, Linksradikale und sonstige radikale, religiöse oder weltanschauliche Ideologen. Sie alle eint, dass sie überhaupt keinen Spaß verstehen, wenn man ihre Ansichten anzweifelt. Radikale sind von der Unfehlbarkeit der eigenen Anschauungen überzeugt und verlangen absoluten Respekt. Sie glauben eigentlich nur, meinen aber dennoch stets zu wissen. Das Zweifeln ist ihnen fremd. Ihr Denken ist wahnhaft und durch Argumentation nicht korrigierbar. Sie sind fundamental unfrei und nutzen dennoch die Freiheit, die ihnen die Demokratie zugesteht, um auch andere in den Bann der Unfreiheit zu ziehen. Das, was Radikale und Fundamentalisten bekämpfen wollen, sind unsere Freiheit und unsere Krisenfestigkeit. Sie selbst sind völlig krisenuntauglich, dafür aber ein Quell stets neuer Krisen.

Immer häufiger wird das freie Denken der Aufklärung dieser Tage in Rückzugsgefechte hineingedrängt. Lassen Sie sich das nicht bieten. Schlagen Sie mit dem Verstand zurück. Lassen Sie sich weder von radikalen Gläubigen, noch von selbstverliebten Nationalisten das freie, kritische Denken verbieten. Zweifeln und Respektlosigkeit sind die schlauste Haltung, um sich gegen alles Radikale zur Wehr zu setzen. Und um Krisenzeiten gut zu überstehen.

Wenn auch Sie Krisenzeiten heil überstehen und die Freiheit verteidigen wollen, dann zweifeln Sie, was das Zeug hält! Denn Zweifeln ist mentales Dehnungstraining. Es hilft, um sich im Krisenfall immer wieder an veränderte

Situationen anzupassen und neue Normalitäten zu begründen. Egal wie groß das ganze Krisenschlamassel um Sie herum mal wieder ist: Trauen Sie sich stets, den eigenen Kopf zu gebrauchen. Zollen Sie Ihrer Fähigkeit nachzudenken Respekt! Beobachten Sie gelegentlich, was Ihnen durch den Kopf geht, und fragen Sie sich und Ihre Gesprächspartner immer wieder, wie man die Dinge noch sehen, erklären und angehen könnte. Begegnen Sie Überlegungen, Ansichten und Weltbildern, eigenen wie fremden, mit radikaler Respektlosigkeit. **Verlieben Sie sich nie in ihre Annahmen, Theorien und Modelle, Lösungsideen und Vorgehensweisen. Flirten Sie nur mit ihnen und schauen Sie stets, welche Liebelei sich als nächstes ergeben könnte und möglicherweise besser taugt, um sich gut in der Welt zurechtzufinden.** Lachen Sie über Ihre eigenen Vorstellungen und über die anderer. Wer auf seinen Verstand stolz sein will, sollte stets bereit sein, Gedanken zu entsorgen und durch bessere zu ersetzen. Denn gerade Krisen verlangen Respektlosigkeit vor Ideen, den alten wie den neuen. Bei gleichzeitigem Respekt gegenüber allen Menschen, ihren Bedürfnissen, Ängsten und Rechten.

*

Charles Darwin führte bei seinen Reisen und Expeditionen immer ein Notizbuch mit sich. Er zwang sich dazu, alle Beobachtungen, die seinen Theorien zuwiderliefen, möglichst umgehend zu notieren, um sie nicht auszublenden, sondern ihnen Rechnung zu tragen. Damit gab er dem Zweifel den Raum, den er verdient. Kein schlechter Ansatz, nicht wahr?

*

*»Aufklärung ist der Ausgang des Menschen aus seiner selbst
verschuldeten Unmündigkeit. Unmündigkeit ist das
Unvermögen, sich seines Verstandes ohne Leitung eines
anderen zu bedienen. Selbstverschuldet ist diese
Unmündigkeit, wenn die Ursache derselben nicht am
Mangel des Verstandes, sondern der Entschließung und des
Mutes liegt, sich seiner ohne Leitung eines anderen zu
bedienen. Sapere aude! Habe Mut dich deines eigenen
Verstandes zu bedienen! ist also der Wahlspruch der
Aufklärung.«*

Immanuel Kant
deutscher Philosoph
(aus einem Essay in der Berlinischen Monatsschrift im Dez.1784)

Mut zu Abschied und Trauer

In diesem Kapitel geht es um die Kunst des Loslassens. Es
zu tun kann herbe Verluste bedeuten und zu Gefühlen
tiefer Traurigkeit führen. Es nicht zu tun, wenn es eigentlich
notwendig wäre, kann Krisen herbeiführen oder Ihre Überwindung blockieren. Um uns emotional nicht zu sehr zu
belasten, schauen wir uns das Thema zunächst aus der Distanz an, in der Tierwelt:

1975 gewann der Film „Die lustige Welt der Tiere" den
Golden Globe Award für den besten Dokumentarfilm. In
einer Sequenz wird gezeigt, wie es einem Mitglied des Volks-

stammes der Malachahadi, Anwohner der Kalahari-Wüste in Afrika, gelingt, Primaten zu fangen.[11] Der Malachahadi gräbt ein schmales Loch in einen alten Termitenhügel, und füllt einige Melonenkerne oder Nüsse hinein. Ein echter Hochgenuss für die Paviane. Schließlich kommt ein neugieriger Pavian herbei und versucht die Leckereien herauszufischen. Dazu steckt er einen Arm in das Loch, greift sich die Beute, und ... bekommt die nun zur Faust geballte Hand nicht mehr heraus. Der Gang ist zu schmal. Nun nähert sich der Malachahadi dem Affen in aller Ruhe mit einem Strick. Anstatt einfach nur wieder loszulassen und rasch zu flüchten, flucht, schimpft und springt der kleine haarige Kerl wie toll herum und lässt sich gefangen nehmen. Was Hominoiden einmal haben, geben sie eben nicht gerne wieder preis.

In der Mythologie der Buschmänner stammt der Mensch übrigens nicht von den Affen ab, sondern umgekehrt. Legenden erzählen, dass Paviane früher Menschen gewesen seien, die als Strafe für ihre Bösartigkeit (Oder war es Dummheit und die Nichtbeachtung von Krisentugenden?) in Affen verwandelt worden sind.

Nehmen wir uns als Gegenmodell zum Affen nun die Menschen vor und schauen wir, ob sie es besser hinbekommen. Sicherheitshalber starten wir gleich mit einem echten Könner, nämlich Leonardo da Vinci. Auch er, obwohl ein Universalgenie, war nur ein Mensch und hatte seine Krisen. Manchmal saß er viele Monate, wenn nicht Jahre an einem Werk, und dennoch konnte es auf dem eingeschlagenen Weg manchmal nicht so weitergehen, und er musste die bisherigen Ergebnisse wieder preisgeben. So geschehen auch beim berühmtesten Gemälde der Welt, der Mona Lisa. Moderne Untersuchungen mittels Infrarottechnik und 3D-Scans ergaben vor einigen Jahren, dass das Gemälde wohl nicht von Anfang an ein Meisterwerk war. Da Vinci hat es mehrfach übermalt und verändert. In einer ersten Version war eine der Hände ursprünglich leicht verkrampft gemalt, als ob sie sich an etwas festklammere. In der berühmten Endfassung liegen die Hände jedoch ganz entspannt. Mona Lisa hat, genau wie ihr Schöpfer und anders als der Pavian in der Kalahari, losgelassen.

Eine Spielart des Nicht-Loslassens ist es, sich in Krisenzeiten daran abzuarbeiten, dass alles wieder so wird wie früher. Bei Paaren in krisenhaften Beziehungssackgassen ist das häufig zu beobachten. Sie wollen dann, dass alles wieder so wird wie in den Jahren vor den ganzen Streitereien, den gegenseitigen Verletzungen, den Seitensprüngen. Das ist nachvollziehbar, aber dennoch Blödsinn und wird nicht geschehen. Denn die alte Normalität ist längs kollabiert. Die Frage ist vielmehr, ob es den Paaren gelingen kann, eine neue gemeinsame Normalität aufzubauen, oder sich auch erfolgreich voneinander zu trennen und damit ganz andere neue Normalitäten zu begründen. Der beständig und laut geäußerte Wunsch »es soll alles wieder so werden wie früher« verhindert dies leider regelmäßig sehr erfolgreich. Auch rechte Parteien wie die AfD locken gerne in die Falle des vermeintlich glorreichen „Früher" und arbeiten dadurch intensiv mit an der Vertiefung von Krisen. Es wird nie wieder so werden wie früher. Dafür aber anders, womöglich sogar besser. **Das Früher darf seinen würdevollen Platz in der Vergangenheit haben, aber nicht den Blick auf die**

Gegenwart und Zukunft verstellen. Das gilt für den Umgang mit allen Krisen.

Krisen verlangen das Abschiednehmen, zwingend. Der Preis dafür ist oft hoch. Vom deutschen Mathematiker und Physiker Georg Christoph Lichtenberg (1742-1799) stammt der Satz »*Ich weiß nicht, ob es besser wird, wenn es anders wird. Aber es muss anders werden, wenn es besser werden soll.*« Man weiß nicht, ob man für Preisgabe und Verlust des Liebgewonnenen irgendwann etwas Vergleichbares oder gar Besseres bekommt. Erstmal ist da nur der Verlust. Es fällt schwer zu akzeptieren, wenn Bemühungen und Investitionen ins Leere gelaufen sind. »*Das darf doch nicht alles umsonst gewesen sein!*« Doch. Hin und wieder schon. Gelegentlich verliert man einen lieben Menschen, manchmal auch einen Teil der eigenen Identität, des Verständnisses von sich selbst. Häufig will man Besitzstände nicht preisgeben, oder auch nur die Illusion, dass es da etwas Wertvolles zu verlieren gäbe. Manchmal geht es um die nackten Existenzgrundlagen oder die Heimat. Den höchsten Preis zahlt jedoch, wer alles investiert um die Illusion aufrecht zu erhalten, keinen Preis zahlen zu müssen. Krisen lassen sich nicht dauerhaft ignorieren, und sie verlangen immer Opfer. **Krisenresilienz, die Fähigkeit, Krisen zu widerstehen und zu bewältigen, beruht zu großen Teilen auf der generellen Bereitschaff loszulassen und zu trauern.** Sagt sich leicht dahin, ist aber manchmal unendlich schwer und alleine nicht zu ertragen, wie das folgende Beispiel zeigt:

Ein Mann wird in meiner Praxis vorstellig. Er ist getrieben, verzweifelt. Er steckt in einer existentiellen Krise, erzählt: Seine Frau leide an einer schweren Krebserkrankung.

Die Schulmedizin habe schon vor einigen Monaten das Handtuch geworfen und mache den beiden keinerlei Hoffnung mehr. Dabei lese man doch im Internet hin und wieder von Spontanremissionen – plötzlichen Heilungen, welche die klassische Medizin niemals erwartet hätte. Deswegen habe er sich in der alternativen Heilszene schlaugemacht und nach Lösungsmöglichkeiten gesucht: Vieles davon habe seine Frau auch ausprobiert: Misteln, Johanniskraut, Akupunktur, Imaginationsarbeit, Hyperthermie. Das Richtige für seine Frau sei aber leider bislang nicht dabei gewesen, nichts habe angeschlagen. Mittlerweile gehe es ihr sehr schlecht. Sie habe in letzter Zeit massiv abgebaut, der Krebs habe sich weiter ausgebreitet. Aber man müsse doch weitersuchen, probieren, dürfe die Hoffnung nicht aufgeben! Er habe jetzt einen alternativen Heiler in Spanien gefunden, der eine völlig neue Form der alternativen Krebstherapie anbiete und damit wohl unglaubliche Erfolge habe. Doch seine Frau wolle nun nicht mehr. Von mir wünsche er sich nun, dass ich seiner Frau Mut mache, ihr die richtigen, positiven Gedanken einpflanze. Ich müsse ihm helfen, sie irgendwie nach Spanien zu bekommen. Der Mann wollte einfach nicht loslassen, und damit dem Abschied voneinander gebührend Raum geben und die eigene Trauer ermöglichen. Aber mit etwas Unterstützung hat er die Kurve dann doch bekommen und es noch rechtzeitig geschafft.

Gut, dass wir Menschen uns in Krisenzeiten gegenseitig beim Loslassen unterstützen können. Das ist besser als uns einreden zu lassen, dass wir wieder in eine verklärt-glorreiche Vergangenheit zurückkehren könnten, wenn wir die Mauern nur hoch genug zögen und das Neue aussperrten. Das ist gefährlicher Unsinn. **Denn das Neue taucht gelegentlich mit unbarmherziger Gewalt in der Wirklichkeit auf.** Bemühungen, die alte Normalität dennoch am Leben zu erhalten und das Auftauchen des Neuen zu verhindern, gleichen dem Versuch, einen großen Ball unter Wasser zu drücken. Es kostet Kraft, glückt vielleicht eine Zeit. Dann dringt von unten plötzlich ein weiterer Ball an die Oberfläche. Man versucht, auch diesen noch unter Wasser zu drücken. Doch die Kräfte schwinden. Weitere Bälle drängen an die Oberfläche. Irgendwann gelingt es nicht mehr, sie mit etwas zu beschweren oder wegzudrücken. **Die Auftriebskräfte des Neuen sind unbeugsam und kompromisslos. Sie gewinnen immer.**

Natürliches Ende der Ressourcen, Klimakatastrophe, immer mehr Atommächte, zunehmende Ungleichheit: In unserer gegenwärtigen Welt kann es in vielerlei Hinsicht unmöglich weitergehen wie bisher, sonst wird tatsächlich alles zusammenbrechen. Es ist Konsens, dass es die Erde als gut von Menschen bewohnbaren Planeten schon in wenigen Jahrzehnten nicht mehr in der heutigen Form geben wird, wenn es nicht gelingt, sehr viele der alten Ideen und Besitztümer und aufzugeben. Dafür müssen wir alle den Mut aufbringen, uns von Alten bequemen Selbstverständlichkeiten und kollektiven Lebenslügen zu verabschieden. Tragen auch Sie Ihren Teil dazu bei. **Finden Sie heraus, was Sie möglicherweise noch festklammern, obwohl Sie besser loslassen sollten. Und dann nehmen Sie Abschied, lassen Sie los, trauern Sie. Suchen Sie sich dafür Unterstützung, wenn Sie wollen. Sie schaffen das.**

Denn zum Glück sind Sie ja kein Pavian.

„Wohl dem Menschen, wenn er gelernt hat, zu ertragen,
was er nicht ändern kann, und preiszugeben mit Würde,
was er nicht retten kann."

Friedrich Schiller
deutscher Schriftsteller
(in dem Essay: Über das Erhabene)

Achtsamkeit und Wagemut

Starten wir in die nächste Krisentugend mit einem Gedankenexperiment:

Sie sind in der Krise, sind Teil von etwas geworden, das Sie nicht mehr gutheißen können, müssen da irgendwie rau. Ihre Vorgesetzten heucheln, nur das Beste im Sinn zu haben und lediglich im Namen der Gesellschaft zu handeln. Man sagt, es werden bestimmt keine Gesetze verletzt, der juristische Rahmen werde nur clever genutzt. Sie selbst sehen das völlig anders. Sie möchten wieder in den Spiegel schauen können, vor sich selbst bestehen können. Sie möchten das alles nicht mehr mittragen, den ganzen Dreck um Sie herum. Einblicke, die Sie vor einiger Zeit bekommen haben, ließen Sie den ganzen Umfang des Zivilisationsbruches erahnen. Da ist ihre alte Welt zu Staub zerfallen. Seitdem schlafen Sie kaum noch. Es war nicht einfach nur ein Job, den Sie da gemacht haben. Denn sie haben sich durch Ihr Tun mit schuldig gemacht, an Dritten, an ganzen Gesellschaften, vor allem aber an sich selbst und dem eigenen Gewissen.

Plötzlich ist die Chance da: Durch eine Verkettung von Umständen bekommen Sie die Möglichkeit, all das aufzudecken, Sand ins Getriebe der Maschinerie streuen. Sie könnten auf diese Weise versuchen, es irgendwie wieder gut zu machen und Ihre Mitschuld zu tilgen. Packen Sie die Gelegenheit beim Schopfe? Welchen Preis wären Sie bereit zu zahlen?

So oder ähnlich muss es Katharine Gun 2003 ergangen sein, einer Übersetzerin beim britischen Geheimdienst GCHQ, als sie entdeckte, dass die Vereinten Nationen durch die NSA abgehört werden. Oder Chelsea Manning um 2009, als sie als Nachrichtenanalystin beim US-Militär Kenntnis von hundertfachen Folterfällen durch das US-Militär erlangte, oder Videos des Beschusses irakischer Zivilisten und Reuters-Journalisten durch US-Hubschrauber ansichtig wurde. Auch Anders Kærgaard muss es wohl so ergangen sein, einem dänischen Nachrichtenoffizier, der 2012 Folterungen von Zivilisten unter Duldung des dänischen Militärs während des Irakkrieges offenlegte. Oder John Doe, der sich 2015 an die Medien wandte, um die weltweite Verflechtung von Staatsoberhäuptern, Offiziellen und Reichen mit panamaischen Briefkastenfirmen aufzuzeigen. Oder Edward Snowden und vielen weiteren Whistleblowern.

In Krisen entstehen Möglichkeiten-Zeitfenster, Chancen für etwas Neues. Chancen und Risiken gehen dabei Hand in Hand, sie sind untrennbar verschmolzen. Manning wurde zu 35 Jahren Haft verurteilt – aber schließlich von Obama begnadigt. Kærgaard musste hinnehmen, dass Freunde, Bekannte und in militärischer Tradition verbundene Familienmitglieder sich von ihm abwandten. Manche Menschen bereuen, was sie taten. Andere, sehr viele, sind erleichtert und froh, dass sie couragierte Schritte gewagt haben.

So auch das Ehepaar Andrea und Torsten Krämer (Namen geändert). Sie packten die Gelegenheit beim Schopfe, als die Chance endlich da war. Ihre Beziehung lief bereits lange sehr schlecht. Die beiden hatten sich auseinanderentwickelt – trotz vieler Gespräche, gemeinsamer Bemühungen, einer intensiven Paartherapie. Wegen der beiden Kinder wollte man weiter durchhalten, nicht vor den Problemen davonlaufen und es irgendwie packen. Das gemeinsame Haus war erst vor Kurzem gekauft worden, und überhaupt: die beiden Kinder! Dann lieber weiter täglich streiten, schreien, die Spannungen aushalten, irgendwie dranbleiben, abends zwei, drei Gläser Rotwein zur Beruhigung der Nerven, es wird schon irgendwann wieder besser werden, bestimmt. Die Kinder litten immer mehr, wurden auffällig im Kindergarten und der Schule. Der kleine Jan machte wieder in die Hose und kaute sich die Fingernägel herunter. Nelly wurde immer stummer, bis sie schließlich fast unsichtbar war. Aber sich trennen? Nein, das war ein absolutes Tabu für die Krämers, das kam nicht in Frage.

Bis zu einem Freitagmorgen. Andrea übernahm eine Kurierfahrt für einen kranken Kollegen in eine andere Stadt, eigentlich überhaupt nicht ihr Job. Und da sah sie Torsten, eng umschlungen mit einer anderen Frau in der Hotellobby stehen, und Torsten sah sie. Dann haben die beiden geredet, ganz anders als bisher. Er hat nichts geleugnet, nicht drumherum geredet. Er hat es nicht einmal versucht. Und sie war sehr traurig, aber gleichzeitig erstaunlich ruhig und erleichtert. Die zwei haben die Gelegenheit genutzt: Heute sind sie glücklich getrennt. Dafür mussten sie den Mut aufbringen und ihr altes Trennungs-Tabu überwinden. Entweder hatte Gott sie nie wirklich vereint, oder der Mensch darf doch scheiden, was Gott zusammengefügt hatte. Oder Gott hat mit all dem überhaupt nichts zu tun, und es war alles ihre alleinige Verantwortung. Wer weiß das schon. Jan und Nelly sind jedenfalls heilfroh. Sie haben ihre Eltern zurückbekommen, auch wenn die kein Paar mehr sind.

Gelegenheiten offenbaren sich häufig als Fragen an sich selbst: Wer bin ich? Wie möchte ich leben? Welche Werte sind mir wichtig? Was ist meine Verantwortung? Was ist jetzt realistisch?

Apropos Gott. Kennen Sie den Witz von der Frau, die in die Kirche geht und den Allmächtigen um einen Lottogewinn zur Erlösung aus einer finanziellen Misere anbetet?

Abend für Abend kniet sie nieder und fleht: »*Herr, gib mir endlich eine Chance, und lass mich doch auch einmal in der Lotterie gewinnen!*«
Die Szene wiederholt sich Tag für Tag, Wochen vergehen, ihr Beten wird zunehmend eindringlicher, selbstmitleidiger, fordernder, lauter: »*Gib mir endlich eine Chance und lass mich gewinnen!*«

Es passiert jedoch nichts.

Irgendwann erhört der Herrgott dann doch ihre Rufe. Als sie gerade wieder vor dem Kreuze kniet und fleht »*Gib mir endlich eine Chance ...*«, beginnt plötzlich das gesamte Kirchenschiff zu beben, und der Herr spricht mit tiefer, lauter und wütender Stimme persönlich zu ihr: »*Du dumme Kuh! Wie wäre es, du gibst mir eine Chance, und kaufst endlich einmal ein Lotterielos!?*«

Der Witz zeigt: Für sein Glück muss man hin und wieder etwas tun, Beten und Hoffen genügen nicht. Gelegenheiten sind noch keine glücklichen Momente, sondern erst einmal nur ein Potential. Sie beinhalten die Möglichkeit, gut werden zu können. Selbst ein erfolgter Lottogewinn ist noch kein Glücksfall. Viele kommen mit dem plötzlichen Reichtum nicht zurecht, sind nach ein, zwei Jahren verschuldet, vom Partner getrennt, oder haben ihren Freundeskreis verloren. Es kommt darauf an, was man aus einer Möglichkeit macht. Aber Achtung! Gelegenheiten könnten tatsächlich kommen, wenn man sie einlädt – und rechtzeitig wahrnimmt.

Das Erkennen von Gelegenheiten ist keine Selbstverständlichkeit, wie das folgende Gespräche zweier Jäger verdeutlicht:

»*Sag mal, du hattest dir doch einen neuen Jagdhund zugelegt, nachdem dein alter verstorben war. Wie läuft`s denn mit dem Neuen?*«

»*Der ist jetzt leider auch schon wieder tot.*«

»Oje, das tut mir aber Leid für dich. Wie konnte das denn passieren?«

»Stell dir vor: Wir waren neulich am Weiher auf der Jagd. Plötzlich raschelt es im Schilf, und eine Gruppe Fasane erhebt sich in die Lüfte. Ich lege an und: Bumm! Erwische direkt einen. Der fällt vom Himmel, mitten in den Teich hinein. Ich sage zum Hund: Los! Apportiere den Vogel! Daraufhin springt der Hund Richtung Ufer, und, wenn ich es dir sage, läuft über das Wasser, bis zum Fasan, schnappt ihn, läuft über das Wasser zurück und bringt mir die Jagdbeute.«

»Das ist ja unglaublich! Wahnsinn! Was für ein Tier! Schnell, erzähl, wie ging es dann weiter?«

»Danach? Ich habe den Hund sofort erschossen.«

»Was hast du??? Warum denn das?«

»Was soll ich denn mit einem Jagdhund anfangen, der nicht einmal schwimmen kann.«

Krisen sind nie knapp an Gelegenheiten – ganz im Gegenteil: Chaotische Zeiten sind voll davon. Das knappe Gut in Krisenzeiten ist die Achtsamkeit für die Gelegenheiten und der Wagemut, sie auch tatsächlich zu nutzen.

Diesen Sachverhalt symbolisiert nichts so eindrücklich wie die Gestalt des antiken griechischen Gottes Kairos. Er ist der Bruder des Chronos, des Gottes der verrinnenden, beständig voranschreitenden Zeit. Wer die scheinbar gleichförmig dahingleitende Zeit nicht nutzt, um veraltete Routinen zu erneuern, wird chronisch müde. Wer sie nicht nutzt, um Ärgernisse zu überwinden, wird chronisch unzufrieden. Wer sie nicht nutzt, um Probleme zu bewältigen, erntet chronische Krisen. Kairos steht dafür, dass die Zeit eben nicht gleichförmig ist und jeder Zeitpunkt beliebig austauschbar. Karios verdeutlicht, dass jede Zeit immer auch eine Qualität hat, die sie auszeichnet. Er ist der Gott der günstigen Gelegenheit und des richtigen Augenblickes. Kairos hat Flügel am Rücken und den Fersen, fliegt durch die Atmosphäre – er kann einem überall begegnen. Seinen Vorderkopf ziert ein Haarschopf, an dem man ihn ergreifen und festhalten kann. Ist er jedoch vorbeigezogen, gibt es keine Möglichkeit, ihn zurückzuholen. Die Hand ihn zu fassen gleitet über den kahlen Hinterkopf und greift von hinten ins Leere – vorbei! In seiner Hand hält er eine Waage, um die Qualität der Zeit zu wiegen. In der anderen eine scharfe Klinge, um unnütze Bindungen an Vergangenes zu kappen. Sein Glied ist erigiert, zeigt abermals: Glückliche Momente gehen vorüber. Nimmt man Kairos achtsam wahr, kann er helfen um zur rechten Zeit das Richtige zu tun.

Hin und wieder muss man seine Wunden lecken, sich leidtun, Dinge abtrauern, das Schicksal beweinen. Aber man sollte nicht den Moment verpassen, damit rechtzeitig wieder aufzuhören. Denn Chancen gehen vorbei. Seien Sie wach und schauen Sie, was gehen könnte. Gerade jetzt.

*

»Man muss das Eisen schmieden, solange es heiß ist.«

deutsches Sprichwort

*

*»Der Weise ... weiß, daß der Leitstern der Klugheit darin
besteht, daß man sich nach der Gelegenheit richtet.«*

Baltasar Gracián y Morales
spanischer Schriftsteller, Philosoph und Theologe
(aus: Orakel der Weltklugheit, Kapitel 12)

Verrücktsein und Kreativität

Verrücktsein als Tugend in Krisenzeiten, im ernst? Und
das, obwohl doch eh schon alles so chaotisch ist und
vieles völlig irre erscheint? Aber klar doch, warten sie nur
etwas ab und begleiten Sie mich erst einmal kurz dorthin, wo
das Verrückte zu Hause ist: ins „Irrenhaus".

Als junger Psychologe arbeitete ich in der Akutpsychiat-
rie. Ich erinnere mich noch sehr gut an die Patientin Frau
Culpabein (Name geändert), damals Anfang 50, aschfahler
Teint, eine schmale, graue, fast durchsichtige, traurige Ge-
stalt. Sie war mit dem plötzlichen Kindstod ihres wenige
Monate alten Sohnes nicht fertig geworden, litt deswegen
seit nunmehr zwanzig Jahren an chronischer Schwermut.
Immer wieder durchlebte sie langwierige Phasen schwerster
Depressivität und Antriebslosigkeit, geplagt von Schlafstö-
rungen und tiefen Schuldgefühlen, begleitet von schwerer
Suizidalität. Hätte sie doch damals des Nachts nur häufiger
nach ihrem Kind geschaut! Hätte sie ihn doch nur etwas

135

anders gebettet! Wäre sie nicht einfach so verantwortungslos und egoistisch ihrem eigenen Schlafbedürfnis nachgegangen!

Die vielen Jahre seit dem Ereignis waren geprägt von endlosen Therapien, ungezählten Aufenthalten in psychosomatischen Fachkliniken, Tageskliniken und Psychiatrien – allesamt ohne Besserung. Sämtliche Experten hatten sich vergeblich an ihr versucht. Sie war ein echter Koryphäenkiller.

Jetzt war ich an der Reihe, mir die Zähne an ihrer Behandlung auszubeißen. Ich ließ nichts unversucht, was die psychotherapeutische Kunst anzubieten hat: euthyme Verfahren, positive Verstärker, sokratische Dialoge, kognitive Umstrukturierungen, Reframings und Utilisierungen, Hypnose und Metaphernarbeit, Sinnstiftungsversuche, psychodynamisch-imaginative Traumatherapie, Entschuldungsrituale, Familienaufstellungen, und so weiter, und so weiter. Das Ganze wurde flankiert von allerlei kleinen Helfern aus der Psychopharmakologie. Nichts half auch nur im Geringsten. Sie blieb genauso, wie sie kam: stockdepressiv.

Eines Tages, Frau Culpabein war schon seit Monaten auf Station, klopfte es dann an mein Sprechzimmer. Sie trat herein, bestens gelaunt, aufrechtstehend, leicht auf den Ballen wippend, freudig strahlend – die Personifizierung des blühenden Lebens! Völlig verdutzt stotterte ich ihr entgegen: «*Äh, ...mmh, Frau Culpabein, äh, ... aber was ist denn mit Ihnen los? Warum um Gottes willen geht es Ihnen denn so gut???*» Daraufhin erzählte sie völlig gelöst, dass sie des Nachts vor lauter quälender Schuldgefühle wieder einmal habe nicht schlafen können. Sie sei dann nach Mitternacht raus auf den Gang und habe sich dort zur osteuropäischen Nachtschwester an den Flurtisch gesetzt. Man sei ins Gespräch gekommen, und schließlich habe ihr Schwester Olga mit hartem russischen Akzent etwas von Engeln, oder irgendwie so, erzählt: Jeder habe ja einen, sie auch, und ihr Kind ebenfalls, und alle Vorfahren genauso, und weil es ja so ist, und alle kennen sich, und der, und mit dem, und überhaupt, ... ergo: Deswegen ist alles gut, wie es ist und passt schon so, und deswegen müsse sie sich jetzt auch nicht mehr schuldig fühlen, brauche nicht mehr depressiv zu sein. Basta.

Die Depression war weg, und sie blieb es nachhaltig. Ich habe daraufhin so ziemlich alles an Fachbüchern zur Behandlung von Depressionen durchwühlt, was ich finden konnte. Der Dreh mit den Engeln stand tatsächlich nirgends drin! **Individuelle Auswege aus Krisen, auch den chronischen, kommen manchmal aus völlig unerwarteter Richtung.**

Wie bereits mehrfach erwähnt verlangen Krisen die Bereitschaft, bisherige Vorstellungen in Frage zu stellen und sich von ihnen zu verabschieden, in jedem Einzelfall immer wieder neu. Krisen bringen die Notwendigkeit, aber auch die günstige Gelegenheit mit sich, Neues, vielleicht Besseres zu probieren, möglicherweise sogar zu etablieren. Das Neue hat es jedoch nicht immer leicht. Das Neue wird gerne vom Altbekannten sanktioniert.

Bis ins 16. Jahrhundert hinein hatte es das Neue generell schwer. Die Stabilität der Welt war durch die Bewahrung des Alten geprägt. Es gab kein positives Interesse an Neuem. Es wurde als Gefahr für die bestehenden Verhältnisse, Bedrohung der Tradition, als Störung der öffentlichen Ordnung oder schlicht als ungewollte Abweichung und Fehler betrachtet.

Erst mit der aufkeimenden *Neuzeit* regte sich zunehmend Interesse an veränderten Ansätzen in Kunst, Kultur, Wissenschaft und Staatsführung. Der Ruf des Neuen verbesserte sich stetig. Die Menschen lernten damit zu rechnen, dass morgen wieder etwas Neues stattfinden würde. Zunehmend wurde die Stabilität der Welt gerade durch die fortlaufende Variation und den ständigen Wandel geprägt. Heute ist das beständige, immer schnellere Auftreten des Neuen nichts Neues mehr, sondern das Altbekannte.

Aber auch die Normalität des ständigen Wandels zum Neuen kann Risse bekommen und in die Krise geraten. Auch die Gegenwart weist vielerlei Abwehrmechanismen gegen Veränderungen auf. Veränderungen wirken oft bedrohlich, sägen am Stuhl alter Selbstverständlichkeiten, stellen die alte Identität und Gemeinschaft als Ganzes in Frage. Die Abwehrmechanismen können mitunter die Form krankhaft überschießender Immunreaktionen annehmen:

Auf Neue(s) von *außen* wird dann allergisch, teils asthmatisch reagiert. Man versucht, es sich vom Leibe zu halten, auszusperren, auszugrenzen, ihm wenigstens aus dem Weg zu gehen. Zahlreiche osteuropäische Länder haben dies im Zuge der Flüchtlingskrise demonstriert, aber auch Großbritannien mit seinem Brexit-Votum oder die USA mit der Wahl von Donald Trump.

Rechnet die Gemeinschaft damit, dass zuviel Neues im *Inneren* entsteht oder bereits eingedrungen ist, kann es zu sozialen Autoimmunreaktionen kommen. Teile der Gemeinschaft greifen dann andere Teile an, es kommt, meist forciert von Populisten, zu gesellschaftlichen Spaltungen. Beobachten lässt sich dies in vielen Ländern, in Frankreich, Spanien, England, Polen, den USA, der Türkei. Die Liste ist lang und wird immer länger.

Chronische gesellschaftliche Entzündungsherde sind die Folge, im Extremfall bis hin zu Bürgerkriegen. Getrieben von rechtsnationalen Populisten vertreten heute auch immer mehr Mainstream-Politiker die Ansicht, dass die Integration von Andersartigkeit und Neuem nicht zu ihrem Aufgabenfeld gehört. Sie werben lieber für die Bewahrung des Status quo, und versuchen viel, um die Illusion aufrecht zu erhalten, dass die Dinge so bleiben könnten, wie sie sind. Sie versuchen dies durch die Einkapselung, Minimierung, Abspaltung und Distanzierung von allem Neuen. Sie propagieren die Kontrolle der Abweichung und bringen dazu immer neue überwachungsstaatliche Elemente in Stellung. Die Kunst wahrer, freiheitlicher Staatsführung sieht anders aus. Diese bewährt sich durch die behutsame Balance des ständigen Wandels, und managt ihn mit Augenmaß.

Ein freier Geist bleibt nur, wer sich die Offenheit für Neues bewahrt. Die ängstlich-aggressive Abwehr des Neuen ist ein Feind der freiheitlich-demokratischen Grundordnung, genau wie überzogene Immunreaktionen der Feind der Gesundheit sind und ihr gerade nicht dienen. Sowohl ein menschlicher als auch ein gesellschaftlicher Körper bleiben nur gesund, wenn die Abwehrreaktionen differenziert ausfallen.

Neue, kreative Ansätze werden von der Breite häufig erst gewürdigt, wenn sie Eingang in den Mainstream gefunden haben. Dann besteht nicht mehr der Verdacht, dass sie dem Bestehenden gefährlich werden könnten. Exemplarisch lässt sich das am Nobelpreis zeigen. Häufig wird er für Leistungen verliehen, die bereits viele Jahre zurückliegen und längst nicht mehr neu sind. Das Neue muss sich erst durchkämpfen.

Ideen haben es meist nur leicht, wenn sie sich nahtlos in den bisherigen Kontext eingliedern, und nicht, wenn sie diesen in Frage stellen. Scheinbar neue, in Wirklichkeit aber nur lautere, schrillere Formen des Alten sind jedoch keine brauchbaren Ansätze, um aus Krisen heraus zu kommen. Damit verschärft man sie nur und wirft obendrein Nebelkerzen, da viele denken, es werde tatsächlich etwas gegen vermeintliche Krisen getan.

Menschen ahnen, dass man durch wahrhaft neue, innovative Ansätze zwar manche Misere überwinden kann, sich aber vielleicht auch neue, unbekannte Probleme einhandelt. Ein plausibler Grund, um erst einmal Angst vor dem Neuen zu haben. Das muss man erstmal attraktiv machen, wenn das Neue leichtfüßigen Eintritt in die Gegenwart und eine echte Chance in der aktiven Gestaltung der Zukunft haben soll.

Aus dem Blickwinkel des bisherigen Denkens erscheint das Neue notgedrungen meist irrational, wenn nicht gar verrückt. Der irische Schriftsteller George Bernard Shaw brachte die Notwendigkeit *ver-rückten* Denkens in Krisenzeiten mit folgendem Ausspruch auf den Punkt: »*Was wir brauchen, sind ein paar verrückte Leute; seht euch an, wohin uns die Normalen gebracht haben.*« Echtes Denken beinhaltet diesen Aspekt des Ver-rückens bereits vom Wortstamm her. Die Bedeutung des lateinischen Verbs ›cogitare‹ leitet sich von

›con agito‹ ab. Das lässt sich mit hin- und hertreiben, schütteln oder in Unruhe bringen übersetzen.

Auch Emanuel Kant beschäftigte sich mit dem möglichen Erkenntnisgewinn durch das Verrückte:

»Aberwitz ist die Krankheit einer gestörten Vernunft. Der Seelenkranke ... wähnt das Unbegreifliche zu begreifen. ... Er ist ... am weitesten von der Raserei entfernt: Weil er mit voller Selbstgenügsamkeit über alle Schwierigkeiten der Nachforschung wegsieht. Diese ... Art der Verrückung könnte man systematisch nennen. Denn es ist ... nicht blos [sic] Unordnung und Abweichung von der Regel des Gebrauchs der Vernunft, sondern auch positive Unvernunft, d.i. eine andere Regel, ein ganz verschiedener Standpunkt, worein, so zu sagen, die Seele versetzt wird, und aus dem sie alle Gegenstände anders sieht ... wie eine bergiche [sic] Landschaft, aus der Vogelperspective [sic] gezeichnet, ein ganz anderes Urtheil [sic] über die Gegend veranlaßt, als wenn sie von der Ebene aus betrachtet wird.«[12]

Laut Kant ist der ver-rückte Perspektivwechsel somit immanenter Teil einer durchaus wünschenswerten, positiven Unvernunft.

Mitunter ist es einem Nickerchen am Schreibtisch zu verdanken, dass kreative Kräfte entfesselt werden. Durch die Arbeiten des deutschen Chemieprofessors August Kekulé (1829-1896) konnten sich die Weltkonzerne BASF, Bayer und Hoechst zu internationalen Marktführern entwickelt. Dank eines Traumes hatte er maßgeblich zur Schaffung der Grundlagen der organischen Chemie beigetragen, und damit erst den damaligen Boom der deutschen Chemieindustrie ermöglicht. Er brütete eines Abends 1865 in Gent über die noch unbekannte chemische Struktur des Benzols, starrte in ein Kaminfeuer, und döste beim Anblick der züngelnden Flammen ein, während hypnagoge Bilder vor seinem geistigen Auge tanzten. Plötzlich erblickte er eine Schlange, die sich selber in den Schwanz biss! Da kam ihm die Idee, dass Benzol die Form eines Rings aufweisen könnte. *»Wie durch einen Blitzstrahl erwachte ich, auch diesmal verbrachte ich den Rest der Nacht, um die Konsequenzen der Hypothese auszuarbeiten«*,[13] berichtete er später. Erst der kreative Einfall, ein visionärer, verrückter Heureka-Moment, und dann der Einsatz von Logik und Rationalität. Zusammen wird ein Schuh daraus.

Innovatives, krisentaugliches Denken beinhaltet sowohl paralogisches, verrücktes Denken – dadurch ergibt sich die kreative Grundlage für neue Herangehensweisen – als auch logisches, vernünftiges Denken – dadurch bleibt es anschlussfähig an das Bisherige, ordnet die Aha-Momente, bringt sie zur ›Marktreife‹. Der US-amerikanische Erfinder und Unternehmer Thomas Alva Edison (1847-1931) brachte es mit dem Ausspruch *»Genie ist ein Prozent Inspiration und neunundneunzig Prozent Transpiration.«* auf den Punkt. Ähnlich pointiert, jedoch mit umgedrehtem Prozentverhältnis, sah es der US-amerikanische Schriftsteller und Literaturnobelpreisträger William Faulkner (1897-1962): *»Die chemische Analyse der sogenannten dichterischen Inspiration ergibt neunundneunzig Prozent Whisky und ein Prozent Schweiß.«*

Auch weitere erhellende Erkenntnisse der Naturwissenschaften wurden durch kreative Funken in Träumen entzündet. So zum Beispiel das wichtigste Standbein der Chemie – die Entdeckung des Periodensystems durch Dmitri Mendelejew (1834-1907). Oder die Entdeckung, dass Nervenimpulse sich durch Neurotransmitter von Nerv zu Nerv übertragen. Ein Verdienst des Pharmakologen Otto Loewi (1873-1961), 1936 geehrt mit dem Nobelpreis für Medizin. Oder das Verständnis der Photosynthese – maßgeblich einem kurzen Nickerchen im Auto auf einem amerikanischen Supermarktplatz zu verdanken. Melvin Calvin (1911-1997) hatte auf seine Frau gewartet, während sie einige Einkäufe erledigte. Nobelpreis für Chemie, 1961.[14]

Wenn Sie in Krisen stecken, möchten Sie sich vermutlich nicht darauf verlassen müssen, dass ihnen dringend benötigte kreative Einfälle im Traum geschenkt werden. Glücklicherweise kann man die Jagd nach dem Neuen aktiver betreiben, als nur zu schlafen und abzuwarten. Hier die komprimierten Ergebnisse der Kreativitätsforschung:

Schaffen Sie für sich und Ihre Liebsten ein kreativitätsförderliches Milieu. Gönnen Sie sich ein breites Grundwissen aus vielen unterschiedlichen Bereichen, dass ver-rückt neu kombiniert werden kann. Credo: Universaldilettantismus vor Fachidiotentum. Seien Sie misstrauisch gegenüber vermeintlichen Selbstverständlichkeiten, offen für noch so irre Ideen und vermeiden Sie jegliche Tabus und Denkverbote. Nutzen Sie die Freiheit und Unabhängigkeit von Kunst, Kultur, Wissenschaft, Medien und Internet, lassen sie sich vielfältig inspirieren. Gönnen Sie sich immer wieder ausgiebig Zeit zu zweit mit Ihren Gedanken. Seien Sie selbstironisch und humorvoll. Wenn Sie vermeintlicher Experte für das gerade in Frage stehende Themengebiet sind, dann tauschen Sie sich auch mit Experten völlig anderer Fachgebiete aus, und natürlich ebenso mit Laien, und umgekehrt.

Jetzt noch etwas Ausdauer, und die Bereitschaft, bei der Ideensuche auch massenhaft Ausschuss zu produzieren, und schon fühlt sich das Neue herzlich eingeladen.

Kreativitätsforscher und Krisenmanager haben versucht, Phasen zu definieren, die einen typischen kreativen Prozess ausmachen: Am Anfang steht ein ungestilltes Bedürfnis, eine Irritation, oder auch schon eine ausgewachsene Krise. Etwas Neues muss her. Es kommt zur *Präparationsphase*. Informationen und Material zum Thema werden gesammelt, unterschiedlichste Perspektiven eingenommen.

In der *Inkubationsphase* wird das Neue vorbereitet. Es wird aktiv nach hilfreichen Vorgehensweisen gesucht, kategorisiert, sortiert, rotiert und wieder verworfen. Häufig herrscht hier eine gewisse chaotische Ratlosigkeit. Ideen werden für abwegig erklärt und wieder beiseitegeschoben, Pausen werden eingelegt, man beschäftigt sich immer wieder auch mit ganz anderen Dingen. Das Unbewusste wird reichlich gefüttert und kommt in Fahrt.

Mit etwas Glück und Ausdauer kommt es dann zur *Illumination*, einer plötzlichen Einsicht, dem ›Heureka-Moment‹. Diese Inspiration ist nicht die Essenz eines mystischen Prozesses, sondern das Ergebnis von ausdauerndem Versuchs- und Irrtumsverhalten.

Dann gilt es, den Aha-Moment einer kognitiven *Bewertungsphase* zu unterziehen. Taugt die neue Einsicht tatsächlich etwas? Entspricht die Idee ethischen Standards und überdauernden Normen? Scheint die Sache irgendwie machbar? Welche Hindernisse lauern?

Abschließend folgen dann die konkrete *Ausarbeitung* des Vorgehens und der handwerkliche Feinschliff.

Aron Ralston, ein durchtrainierter, intelligenter junger Mann und ambitionierter Bergsteiger, hat all diese Phasen in einer schier unglaublichen Krisensituation vor einigen Jahren durchlaufen. Im Frühjahr 2003 ist er zu einer Canyonwanderung im US-Bundesstaat Utah unterwegs. Er fällt in eine Felsspalte. Dabei wird sein rechter Unterarm zwischen der Felswand und einem schweren Steinblock eingeklemmt. Er begutachtet seine Lage, sagt »Uups!«. Das ›Uups‹ ist eine knapp zusammengefasste, hochkonzentrierte Lageanalyse. Sie ist das Ergebnis von analytischem Sachverstand, gepaart mit positivem, heitern, lebensbejahendem Gemüt.

Der Steinblock wiegt ca. 360 kg, er kann ihn nicht bewegen. Niemand sonst weiß, in welcher Gegend er unterwegs ist. Ein Handy hat er nicht dabei. Dass andere Wanderer ihn entdecken, ist unwahrscheinlich. Sein Proviant ist knapp, gerade mal 350 ml Wasser und zwei Burritos. Vier lange Tage versucht er, sich aus der misslichen Lage zu befreien. Die Versuche, den Felsblock mit den vorhandenen Werkzeugen zu zerkleinern, erweisen sich als völlig sinnlos. Das Gestein ist zu hart. Ein selbst gebauter Flaschenzug bringt nicht genug Kraft auf. Er hat es offensichtlich nicht mit einem trivialen Problem zu tun, sondern mit einer echten Krise.

Aron ist bereit, ver-rückt und logisch zugleich zu denken – und zu handeln. In ihm vereint sich der Wille zu nüchternem Pragmatismus mit der Fähigkeit zur Selbstironie. Und beides braucht er, als er am fünften Tag endgültig beschließt, mit einem Werbegeschenk – einem billigen Allzweckwerkzeug mit einem kleinen Taschenmesser – den Unterarm zu amputieren. Ihm ist klar, dass er mit dem Werkzeug niemals die Knochen durchtrennen können wird. Doch er hat, halb im Delirium, einen kreativen Einfall: Er bricht sich vorsätzlich Elle und Speiche, und kann so schließlich erfolgreich die Amputation vornehmen. Er beschreibt eine unglaubliche Erleichterung, als er realisiert, dass ihm dies gelungen ist. Er versorgt die Wunde notdürftig, seilt sich ab, läuft noch weitere 13 km, bis er schließlich auf andere Wanderer trifft, die professionelle Hilfe holen. Er überlebt, erholt sich, ist dankbar sich den Unterarm abgeschnitten zu haben. Er gibt an, ihn nicht zu vermissen. In Anbetracht der durch das Ereignis gewonnenen Erfahrungen habe für ihn ein zweites, intensiveres Leben begonnen. Er schreibt ein Buch (»*Between a rock and a hard place*«), dass später auch verfilmt wird (»*127 Hours*«), gründet eine Familie, bekommt ein Kind. Was für eine aberwitzige, verrückte, wahre Geschichte.

Wie steht es mit Ihrer Bereitschaft, im Angesicht von Krisen ver-rückt und logisch zugleich zu denken?

*

„Wenn eine Idee am Anfang nicht absurd klingt, dann gibt es keine Hoffnung für sie."

Albert Einstein
deutscher / schweizer / amerikanischer Physiker

Mut zu Entscheidungen

Stellen Sie sich folgendes Szenario vor: Während Sie gerade dieses Buch lesen, werden Sie plötzlich ohnmächtig. Dann, nach einer Zeit, Stunden, vielleicht sogar Tagen, wachen Sie wieder auf. Sie liegen weich, es ist Tag. Ihre Augen erblicken ein nahezu geschlossenes Blätterdach über sich. Der Himmel dahinter scheint bewölkt zu sein, Sonnenstrahlen bahnen sich nirgends den Weg durchs Grün. Sie sind offensichtlich inmitten eines Waldes gelandet, irgendwo auf dem Planeten. Körperlich scheinen Sie unversehrt zu sein. Sie sind jedoch hungrig und durstig. Sie tragen nichts bei sich, außer Ihrer Kleidung. Es ist recht frisch. Langsam berappeln Sie sich, suchen nach Orientierung. Aber wo Sie auch hinblicken: Alles sieht völlig gleich aus. Das Gelände ist eben, kein Weg, nicht einmal Tierspuren, nichts. Überall einfach nur Wald, soweit Sie sehen können. Sie klettern auf einen Baum und versuchen Überblick zu gewinnen. Aber auch von dort oben: überall nur Bäume. Sie scheinen in Ihrer ganz persönlichen grünen Hölle gelandet zu sei. Zum Teufel nochmal, was sollen Sie nur tun? Wie kommen Sie hier wieder heraus? Vielleicht warten ob jemand kommt und Sie rettet. Um Hilfe rufen. Erst einmal einen Unterschlupf bauen. Aber es kommt niemand. Sie haben kein Wasser und auch nichts zu essen. Sie stecken in einer akuten Krisensituation.

Welches ist die schlaueste Strategie, um sich aus dieser Lage zu befreien? Denken Sie nach!

Richtig: Outdoorexperten empfehlen einfach loszulaufen. Aber Sie könnten sich für die falsche Richtung entscheiden! Noch tiefer in den Wald hineingeraten! Doch lieber warten? Nein, auf keinen Fall. Wenn man an einem Mangel an Informationen über die aktuelle Situation leidet und sich keine ausreichend hilfreichen Hinweise finden lassen, ist es ziemlich clever, sich für irgendetwas zu entscheiden und erst einmal zu machen. Behutsam zwar, aber machen. Durch das Handeln werden sich neue Informationen ergeben, die helfen die Situation besser zu verstehen. Um bei dem Bild vom Wald zu bleiben: Vielleicht entdecken Sie beim Laufen Spuren von Menschen, einen alten Trampelpfad, oder einen Bach, dessen Lauf Sie folgen können. Beim Handeln bekommt man neue Informationen, die Hinweis sein können, ob man auf dem Holzweg ist, oder ob man eher richtigliegt.

Krisenzeiten verlangen Entscheidungen und das Navigieren auf Sicht. Haben Sie den Mut Entscheidungen zu treffen. Denn in echten Krisen gibt es eh keine erfahrenen Experten mehr, keine bewährten Theorien, keine verlässliche Intuition. Die Situation ist für alle Beteiligten neu, alle sind gezwungen dazuzulernen (Man sollte sich vor denen hüten, die von Beginn an meinen, genau zu wissen, was jetzt zu tun sei.). Wenn keine brauchbaren Hinweise vorhanden sind, muss man sich durch die Auseinandersetzung mit seiner Krisenumwelt welche schaffen. Das Beste was man tun kann, ist, sich als naiver Forscher zu begreifen: Erste kleine Experimente und Expeditionen starten, schauen, was dadurch Neues geschieht, versuchen Zusammenhänge zu verstehen, hilfreiche Handlungen identifizieren. Entscheidungsbereitschaft ist die wichtigste Tugend, um in Krisen die Ereignisse weiter voranzutreiben, an neue Informationen zu gelangen und damit wieder Orientierung zu ermöglichen. **Entscheidungen geben dem Chaos wieder Struktur und dem Handeln eine Richtung.**

Entscheidungen schützen vor Stagnation und Chronifizierung, werden jedoch häufig gemieden. Dann wird gemeint, man könne erst entscheiden, wenn klar sei, welche Entscheidung auf jeden Fall die richtige sei; es wird so getan, als ob man die richtige Entscheidung im Vorhinein irgendwie ausrechnen könne. Gerne geschieht dies durch die Gegenüberstellung ellenlanger Pro- und Kontralisten. Nach tagelangem Nachdenken, vielleicht auch dem Einbezug von Freunden, Bekannten, Kollegen und ›Experten‹ bei der Erstellung der Listen, ist man dann genausoweit wie vorher. Irgendwie will sich einfach kein klarer Hinweis für die ›richtige‹ Entscheidung zeigen. Dafür ist man auf einem höheren Niveau verwirrt.

Entscheidungen werden oft mit Rechenaufgaben verwechselt. Ist 3+4=7? Oder doch 8? **Bei einer Rechenaufgabe kann man *vorher* wissen, was richtig ist.** Kennt man die Gesetze der Mathematik und wendet sie besonnen an, kann man 100%-ig sicher „entscheiden", wie die richtige Antwort lautet.

Echte Entscheidungen sind aber keine trivialen Rechenoperationen.

Bei echten Entscheidungen weiß man erst im Rückblick, *hinterher*, ob sie richtig oder falsch waren. Und selbst dann können sich Entscheidungen mal eher als hilfreich, dann wieder eher als nicht hilfreich herausstellen. Entscheidungen sind Ereignisse, die mit vielen anderen Ereignissen in Wechselwirkungen treten und komplexe Ereignisketten nach sich ziehen können. Erst im Rückblick ist es möglich sie als eher hilfreich zum Umgang mit einem Krisenszenario oder als dienlichen Schritt aus Krisen heraus zu bewerten. Allerdings kann man manche Entscheidungen bereits in ihrem Vorfeld als eindeutig falsch erkennen – wenn man ein Wertefundament zu Orientierung besitzt.

Sehen wir uns eine echte Entscheidungssituation an:

Ein armer chinesischer Bauer kam vor langer Zeit durch eine Erbschaft in den Besitz eines Pferdes. Er stand vor der Frage, wie hoch er den Zaun für die Koppel bauen sollte. Geld für das Material musste er sich leihen, denn er war ja arm. Ein hoher Zaun bedeutete viele, ein niedriger wenige Schulden. Er entschied sich für einen niedrigen Zaun. Die Sache ging einige Tage gut. Dann, eines Morgens, war der Gaul nicht mehr da. Er musste über den wohl doch zu niedrigen Zaun gesprungen und weggelaufen sein. Die Nachbarn des Bauern sagten: »Mensch, du armer Kerl. Jetzt hattest du durch einen glücklichen Umstand wenigstens mal ein Pferd, und dann läuft es dir davon.« Der Bauer sagte nur: »Ach ja, man wird sehen.«

Er packte sich etwas Proviant ein und machte sich auf die Suche nach seinem Hengst. Endlich, nach einigen Tagen, entdeckte er ihn im Gebirge, nahe am Horizont. Er rief ihn, und tatsächlich lief das Tier freudig auf ihn zu. Aber nicht nur das. An die Hundert Wildpferde folgten seinem Tier, hatten ihn als Leithengst anerkannt. So kehrte der Bauer mit einer riesigen Pferdeherde heim in sein Dorf, und die Nachbarn staunten: »*Mensch, hast du es gut. Jetzt bist du der Reichste von uns allen.*« Er zuckte nur mit den Schultern und erwiderte: »*Ach ja, man wird sehen.*«

Jetzt stand es an, all die wilden Pferde zu domestizieren und zuzureiten. Diese Aufgabe fiel dem einzigen Sohn des Bauern zu. Doch bald wurde er bei dieser Tätigkeit unglücklich abgeworfen und brach sich beide Arme und Beine, landete vorerst im Gipsbett. Die Nachbarn bedauerten den Bauern sehr: »*Du armer Kerl, jetzt stehst du mit all der Arbeit alleine da, und wer weiß, ob dein Sohn jemals wieder richtig gesundwird?*« Er antwortete nur: »*Ach ja, man wird sehen.*«

Am Morgen darauf schreckte das ganze Dorf aus dem Schlaf. Wildes Getrappel in den Straßen und Gassen hatte sie geweckt. Die Soldaten des Kaisers waren angeritten, um alle jungen Männer abzuholen und für den gerade ausgebrochenen Krieg zu rekrutieren. Nur der Sohn des Bauern durfte natürlich bleiben. Da hörte man die Einwohner des ganzen Dorfes sagen: »*Was hat der Bauer doch ein Glück.*« Der aber dachte sich nur: »*Man wird sehen.*«

Haben Sie Mut zu Entscheidungen und seien Sie bereit, immer wieder neu zu entscheiden. Dann wird man sehen.

*

»*Es gibt nichts Gutes. Außer man tut es.*«

Erich Kästner
deutscher Schriftsteller und Publizist

Fehlertoleranz

J e unklarer, krisenhafter eine Situation, desto eingeladener fühlen sich Befürchtungen aller Art. Auch die Angst, Fehler zu begehen. Sie kann lähmen, die Entscheidungsfähigkeit rauben und das Handeln verhindern. Die Angst ist zwar nachvollziehbar, immerhin könnte man durch sein Verhalten alles noch schlimmer machen. Doch Krisen verlangen einem notwendigerweise die Bereitschaft ab, sich auf Risiken und Unbestimmtheit einzulassen. Krisen verlangen die unerschrockene, versöhnliche Haltung der Fehlertoleranz.

Das Gute an Fehlern: Wird eine Lage durch falsches Handeln schlimmer, ist das immerhin ein brauchbarer Hinweis zur weiteren Orientierung. **In Krisen liegt das größte Wagnis nicht darin, hin und wieder falsch zu handeln und das Vorgehen daraufhin zu korrigieren. Der größte Fehler ist es, Risiken möglichst völlig ausschließen zu wollen, bevor man entscheidet und handelt. Deshalb wird häufig gar nicht oder viel zu spät gehandelt.** So wird ein ums andere Mal die Chance vertan, aus den gemachten Fehlern etwas zu lernen.

Insbesondere in Krisen müssen Entscheidungen prinzipiell mit einem Vorläufigkeitsvorbehalt versehen sein. Wenn etwas funktioniert, dann fahren Sie behutsam damit fort. Wenn nicht, dann hören Sie besser auf und halten Sie nach Alternativen Ausschau. **Gerade der Beginn echter Krisenlösungsversuche ist notgedrungen ein Durchwurschteln. Die Kunst besteht nicht darin, alles richtig zu machen, sondern** das Scheitern möglichst erfolgreich zu betreiben, d.h: Dazulernen. Dazulernen. Dazulernen. Mit jeder Krise betritt man einen völlig neuen Kosmos, mit eigenen Gesetzmäßigkeiten, und diese wandeln sich zu allem Überfluss auch noch über die Zeit. Die Entwicklung handlungsleitender Zukunftsvisionen und die Bestimmung konkreter Ziele sind erst zu etwas fortgeschrittenen Zeitpunkten sinnvoll möglich.

Krisen benötigen ein aktives Fehlermanagement und nicht den ›Wir-haben-alles-unter-voller-Kontrolle-und-wissen-jederzeit-genau-was-zu-tun-ist-Gestus‹. Sich mitten in Krisenzeiten gegenseitig auf die Schultern zu klopfen und zu gratulieren, wie toll man doch alles macht, zeugt nicht von Krisenkompetenz, sondern von Scheuklappen, Selbstgefälligkeit und Lernresistenz. Vielmehr sollten sich alle regelmäßig fragen: »*Welche Böcke haben wir diese Tage wieder geschossen? Welches war der schönste Fehler? Was können wir daraus lernen? Welche alten Ansichten und Gewissheiten können wir diesmal abschreiben?*«

Fehler in den eigenen Versuchen des Umgangs mit Krisenszenarien zu entdecken und sein Verhalten entsprechend anzupassen, dürfen Sie ruhig regelmäßig als Beleg für die eigene Lernfähigkeit feiern! Am besten sogar öffentlich, wenn die Krise auch andere angeht. Die Entdeckung von Fehlern ist jedes Mal eine Chance, es noch besser zu machen. Schlechte Krisenmanager entdecken keine Fehler in ihrem Tun, und falls doch, werden sie nach Möglichkeit kaschiert, wenigstens aber geleugnet.

Fehlertoleranz ist keine Technik, sondern eine lernorientierte Haltung, die mit Humor, Selbstironie, Versöhnlichkeit und Dankbarkeit einhergeht.

Fehlertoleranz begünstigt Entscheidungsfähigkeit und schenkt gerade in Krisenzeiten die nötige Flexibilität. Sie stattet mit der nötigen Portion Mut aus. Sie ist das Gegenteil der Angst, einen Fehler zu begehen. Manchmal begegnet sie einem unerwartet:

Einer meiner Bekannten, ein weltoffener, sympathischer Mann, ist Journalist. Er dreht Dokumentarfilme und Reiseberichte für das Fernsehen. Vor einiger Zeit bereitete er sich sorgfältig auf eine Produktion vor, die ihn nach Iran führen sollte. Während der Recherchen stieß er in einem älteren Buch auf eine etwas kuriose, nicht weiter erläuterte Information: Angeblich gebe es keine persischen Teppiche ohne Webfehler.

Einige Wochen später war er mit seinem Kamerateam auf einem großen orientalischen Basar unterwegs. Überall wurden bunte Stoffe, frische Früchte, und exotische Gewürze feilgeboten. Die Luft war gesättigt mit geheimnisvollen Düften. Kunsthandwerker priesen ihre Produkte an, und vielerorts saßen Weber vor ihren Geschäften und Ständen mit wundervollen, persischen Teppichen. Schnäppchen waren das nicht, musste der Journalist feststellen, die Erzeugnisse der Weber waren reichlich kostspielig. Und als er die ganzen Teppiche so sah, schoss ihm wieder der Satz durch den Kopf »*Keiner ist ohne Webfehler! Keiner ist ohne Webfehler! Keiner ist ohne Webfehler!*« Und das bei diesen Preisen! Schließlich sprach er einen älteren, erfahrenen, scheinbar besonders geschickten Weber an: »*Sagen Sie mal, ich habe gehört, dass es keine persischen Teppiche ohne Webfehler gibt. Stimmt das denn?*« – »*Ja, gewiss, das ist richtig.*« – »*Nicht einmal so ein kleiner Gebetsteppich oder Tischläufer?*« – »*Ja, nicht einmal die.« – »Aber Sie scheinen mir sehr geschickt in ihrem Handwerk zu sein. Wie können Sie da so sicher sein, dass überall Webfehler drin sind?« – »Das ist ganz einfach: Wir persischen Teppichknüpfer weben mit Absicht in jeden Teppich Fehler hinein!«* Jetzt schnappte mein Bekannter nach Luft und presste hervor: *»Was?! Sie machen das mit Vorsatz? Aber warum das denn?«* Der Perser hob seinen Kopf, sah ihm tiefgründig und fest in die Augen und gab dann ruhig zurück: *»Weil wahre Perfektion alleine Allah vorbehalten ist.«*

Die Lektion saß, und auch mein Bekannter verstand: **Fehlertoleranz ist eine demütige Haltung.**

Fehlertoleranz als kulturelles Selbstverständnis von Teams, Organisationen oder ganzen Gesellschaften beugt darüber hinaus Konflikten und Gewalt, Spaltung und Ausgrenzung, schamvollem Rückzug, ohnmächtiger Lähmung und kollektiven blinden Flecken vor. Sie ist der Turbo Boost für Kooperation, hält den Blick auf gemeinsame Ziele frei und macht handlungsfähig.

Fehlertoleranz ist auch eine Eigenschaft komplexer Systeme. Sie hält diese am Laufen und sorgt dafür, dass sie verlässlich ihre Funktionen ausüben, auch wenn`s mal wieder dicker kommt und Krisen an die Tür klopfen. Das beugt im Bedarfsfall unnötigen zusätzlichen Systemkrisen und Zusammenbrüchen vor.

Nehmen wir zur Illustrierung die Deutsche Bahn. Irgendjemand macht etwas falsch; menschlich. Oder irgendetwas funktioniert nicht richtig; kommt vor. Fehlerhaftigkeit eben. Der Schnellzug kann erst 15 Minuten später den Bahnhof verlassen. Der Fahrplan ist jedoch derart ›optimiert‹, dass keine ausreichenden Puffer vorhanden sind. Schließlich konkurriert man mit dem Flugverkehr! Der Zug muss bereits bei pünktlicher Abfahrt fast volles Tempo fahren, um rechtzeitig an seinem Zielort anzukommen. Die 15 Minuten Verspätung kann er unmöglich rausholen. Jetzt müssen auch die Anschlusszüge warten. Ruckzuck zeigen sich weitreichende Effekte im Bahnnetz. Während die Bahnmitarbeiter versuchen, die negativen Auswirkungen möglichst gering zu halten und die Kundschaft zu beschwichtigen, geraten sie zunehmend in Stress. Ebenso die vielen Bahnkunden, die sich auf den Fahrplan verlassen haben, anstatt angemessene Zeitreserven für mögliche Verspätungen zu berücksichtigen.

Ähnlich verhält es sich mit den Lieferketten der produzierenden Industrie. Die vorsorgliche Lagerhaltung ist in den letzten zwei Jahrzehnten einhergehend mit dem Abbau von Zollschranken und Schlagbäumen zugunsten eines hochoptimierten ›Supply Chain Managements‹ abgeschafft worden. Die heutigen Lagerhallen sind permanent in Bewegung und lassen sich auf dem rechten Streifen der Fernstraßen beobachten, wo sie in Gestalt von wie an einer Perlenkette aufgezogenen LKWs von einer Werkbank zum nächsten Verarbeitungsschritt unterwegs sind. Ein völlig auf Kante genähtes System.

Sind systemische Puffer chronisch nicht vorhanden, wird der Stress der Menschen auch chronisch. Krankheitsstände steigen, auch die Leute können immer weniger ›puffern‹. Somit steigen wiederum die Kosten im Gesundheitssystem. Wenn ein System derart ›optimiert‹ ist, dass es dauerhaft das liefern muss, was an seiner Leistungsgrenze liegt, dann wird es krank und kriselt fortwährend vor sich hin. Wenn der Optimierungsgedanke nicht nur ein einzelnes System wie die

Deutsche Bahn betrifft, sondern zum kulturellen Standard und übergeordneten Wert allen Handelns wird, dann wird alles zunehmend krisenanfälliger. Die kapitalistische Steigerungs-, Optimierungs- und Effizienzlogik mag viel Wundervolles vollbracht haben, denn die kapitalistische Innovations- und Mitteleinsatzeffizienz ist unbestritten unschlagbar. Aber sie ist nicht fehlertolerant, sondern erhöht die Krisenanfälligkeit aller gesellschaftlichen Bereiche, die sie erfasst hat. Sie kennt kein ›gut ist gut genug‹. Sie ist maßlos, wenn sie kein Korrektiv erfährt. Sie ist fehlerintolerant. Der Kapitalismus ist regelungsbedürftig. Das rechte Maß muss ihm als Ergebnis gesellschaftlicher Aushandlungsprozesse machtvoll auferlegt werden.

Viele Angestellte kennen die typischen Fragen regelmäßiger, ›zielorientierter‹ Mitarbeitergespräche aus eigener Erfahrung: »*Herr Müller, wie könnten Sie Ihre Arbeit noch effizienter gestalten? Wie könnten wir aus den vorhandenen Ressourcen noch mehr rausholen? Wie können Sie dazu beitragen den Gewinn weiter zu steigern? Wie können die Maschinen noch mehr ausgelastet werden? Wie können Sie das menschliche Potential in Ihrem Team noch umfänglicher abschöpfen? Welches Steigerungsziel wollen Sie sich für die nächsten 12 Monate setzen? 10% Umsatzplus?*«

Und jetzt stellen Sie sich für einen Augenblick eine Welt vor, in der gut gut genug ist, und Sie regelmäßig folgende Fragen hören: »*Wie können wir es gemeinsam schaffen, konsequent nicht mehr als höchstens 80% der vorhandenen Leistungsfähigkeit in Anspruch zu nehmen, über die wir prinzipiell verfügen? Welche materiellen und planerischen Puffer können wir einbauen, damit unsere Funktionsfähigkeit auch bei schlechten Rahmenbedingungen gewährleistet ist? Welche personellen Puffer können wir berücksichtigen, damit Urlaubszeiten, Mutterschutzzeiten und Krankheitsausfälle die anderen Mitarbeiter nicht an den Rand des Zusammenbruchs bringen?«* Es sind Fragen, die aus einer weniger krisenanfälligen Welt stammen. Vielleicht wird es die Welt von morgen sein.

In Teilbereichen gibt es sie schon. Sie hat ihre Nischen dort, wo dem nachhaltigen Wohlergehen der Menschen und der Aufrechterhaltung dafür nötiger (Versorgungs-)Strukturen ein höherer Wert als der ökonomischen Effizienz zugebilligt wird. Der Zivil- und Katastrophenschutz ist ein solcher Bereich. Das Vorkommen von Fehlern und Störungen wird hier immer mitgedacht.

Ende November 2005 kam es zu einer extremen Wetterlage in Norddeutschland und den Niederlanden. Unter Eis- und Schneelasten brachen zahlreiche Strommasten im Münsterland zusammen. 250.000 Menschen waren tagelang von der regulären Stromversorgung abgeschnitten. Rasch waren die Katastrophenprofis des Technischen Hilfswerks vor Ort. 4.000 Einsatzkräfte aus dem gesamten Bundesgebiet errichteten dezentral 274 Notstromaggregate. So gab es zwar ein Schneechaos. Dank belastbarer, fehlertoleranter Notstrukturen kam es aber weder zu einer wahrhaft großen Katastrophe, noch zu zahlreichen menschlichen oder gar gesellschaftlichen Krisen.

Der Trick des THWs ist es, mit vielen kleinen, selbständig funktionsfähigen, parallelen Funktionseinheiten zu arbeiten, nicht mit einer großen. Wenn dann ein Dutzend der Einheiten nicht funktioniert, aus welchen Gründen auch immer: was soll`s? Die Gesamtstruktur ist fehlertolerant und fängt das locker auf. Ein Land wie beispielsweise Venezuela hängt hingegen mit seiner Stromversorgung zu 60% von einem einzigen Wasserkraftwerk an einem Stausee ab. Eine solche Struktur verzeiht nichts, ist hochgradig krisenanfällig. Das Einzige was in Venezuela derzeit verlässlich ist, sind die Stromausfälle.

Im Nachgang der Ereignisse im Münsterland wurde klar, warum überhaupt so viele Strommasten umknicken konnten. Ca. ein Viertel der Masten im Verantwortungsbereich des RWE-Konzerns war bereits vor dem Zweiten Weltkrieg errichtet worden, hatte also mehr als 70 Jahre auf dem Buckel und war mangelhaft gewartet. Öffentliche Infrastruktur, vom neoliberalen Zeitgeist privatisiert, jetzt kapitalistischer Effizienzlogik gehorchend und unter enormen betriebswirtschaftlichen Druck, der Gewinnmaximierung verpflichtet. Fehlerintolerant.[15] Krisenanfällig.

Krisenfeste Strukturen sind gekennzeichnet von kleinen, parallelen, teilweise sogar redundanten Funktionseinheiten, die sich wechselseitig unterstützen, abfangen, austauschen, gemeinsam lernen, selbst organisieren und regulieren, sich aber nicht kaskadisch wie Dominosteine in den Abgrund reißen können.[16] Was dezentral und unabhängig organisiert und gelöst werden kann, verbleibt dort und wird nicht auf höhere Ebenen verlagert. Die höheren Ebenen sorgen jedoch für Vernetzung und Koordination, Austausch, Informationsfluss und ermöglichen somit das Dazulernen. Eine gemeinsame Einheit organisierter Vielfalt. Man muss es klar sagen: Dieses Modell ist derzeit (noch) nicht das Leitbild in Europa.

Was für große Organisationsstrukturen gilt, trifft auch im Kleinen zu. Eine Großfamilie, die am Einkommen eines

Einzigen hängt, ist ›störanfälliger‹; das gleiche gilt, wenn nur einer kochen kann, es nur ein gemeinsames Interesse in der Familie gibt, nur einer weiß wie die Waschmaschine funktioniert und wie man Kinder erzieht, etc.

Denken Sie also daran: Auf vielen Beinen steht man sicherer – auch wenn man sich abstimmen muss. Alleine kommt man kurzfristig besonders schnell voran, darf sich aber kaum Fehler erlauben. Gemeinsam handelnd kommt man langsamer voran, dafür aber viel weiter und sicherer. Das Leben ist kein Sprint von Einzelkämpfern, sondern ein Dauerlauf vieler.

Gönnen Sie sich Fehler, gerade in Krisenzeiten ist das unerlässlich. Betrachten Sie diese als Lernmöglichkeit, um noch besser zu verstehen, um dazuzulernen; nicht um Fehler zukünftig vermeiden zu können. Gönnen Sie sich Puffer. Seien Sie tolerant gegenüber den Fehlern anderer. Versuchen Sie nicht, alles aus sich, Ihren Lieben, oder einer Situation herauszuholen. Gut ist gut genug.

*

»Aus Fehlern wird man klug, drum ist einer nicht genug.«

Ingrid Steger
deutsche Schauspielerin
(in der Comedy-Fernsehserie „Klimbim" in den 1970er Jahren)

Verantwortungsbereitschaft

Wer in Krisen nicht handelt, wird scheitern. Wer aber handelt, trägt Verantwortung für sein Tun und sollte moralische Reife zeigen. Krisenbewältigung ohne Verantwortungsbereitschaft ist zum Scheitern verurteilt. **In Krisen ist es gelegentlich unmöglich, sich nicht in irgendeiner Form schuldig zu machen, ob man will oder nicht.** Rasch ist man der Ochse, der an einem beladenen Karren ohne Zugtier vorbeikommt. **Aber es ist stets möglich, verantwortungsvoll zu handeln und damit Haltung zu zeigen:**

*

Der 43 Jahre junge Hamburger Polizeisenator Helmut Schmidt zeigt Verantwortungsbereitschaft, nachdem die Sturmflut die unzureichenden Deiche der Stadt in der Nacht auf den 17. Februar 1962 für die Einwohner überraschend hinweggespült hatten. Als Schmidt am frühen Morgen von der Katastrophe erfährt, rast er nach eigener Auskunft *»wie ein Verrückter unter Verletzung sämtlicher Verkehrsregeln«* in die Innenstadt und übernimmt, obwohl nach Dienstzeit und Lebensjahren das jüngste Ratsmitglied, die Führung des Katastrophenstabes. Der Bürgermeister Paul Nevermann ist in diesem Moment zur Kur in Österreich. Schmidt beschreibt eine eindrucksvolle Szene: *»Die Ratsstube lag im fahlen Dämmerschein des Oberlichtes, der Strom war ausgefallen. Ich musste daran denken, dass ich erst vor neun Wochen, unmittelbar nach dem Eid auf die Verfassung vor der Bürgerschaft, zum ersten Mal an diesem Hufeisentisch Platz genommen hatte. Jetzt saß ich hier im Mantel wie meine fröstelnden Kollegen und erhielt ganz*

161

außerordentliche Vollmachten.« In den folgenden drei Tagen begründet er durch konsequent verantwortungsvolles Handeln seinen Ruf als tatkräftiger Macher mit ausgeprägtem Machtinstinkt. Er beordert tausende Bundeswehr- und sogar NATO-Soldaten mit Hubschraubern und Schnellbooten zur Versorgung und Rettung von 60.000 eingeschlossenen Bürgern in den Einsatz. Dem deutschen Grundgesetz nach darf die Bundeswehr gar nicht im Inneren eingesetzt werden. Aber Schmidt schert sich nicht um Paragraphen und Gesetze, sondern entscheidet kühl und bestimmt frei nach Notwendigkeit, um Leben zu retten und die Situation unter Kontrolle zu bringen. Es ist Verantwortungsbewusstsein, das ihn geradlinig vorantreibt, nicht Eitelkeit. 315 Menschen fallen den Wassermassen zum Opfer. Schmidts begnadetem Krisenmanagement ist es zu verdanken, dass es nicht noch viel mehr wurden.

Später, als deutscher Bundeskanzler, beweist er erneut eiserne Nerven, als er die Republik durch die Zeit des RAF-Terrors navigiert. Aber Helmut Schmidt ist auch nur ein Mensch. 1975 entführt die anarchistische ›Bewegung 2. Juni‹ den West-Berliner CDU-Vorsitzenden Peter Lorenz. Sie fordern die Freilassung von inhaftierten Terroristen. Als der Krisenstab in Bonn zur entscheidenden Sitzung zusammentrifft, liegt Schmidt mit Fieber darnieder. Der CDU-Vorsitzende Helmut Kohl und der Bürgermeister West-Berlins sind gewillt, den Entführten unbedingt zu retten, wollen deshalb nachgeben. Schmidt stimmt dem Austausch zu. Er findet statt und Lorenz kommt frei. Die fünf freigepressten Terroristen lassen sich in den Jemen ausfliegen. Vier von ihnen nehmen den bewaffneten Kampf in den

Reihen der RAF wieder auf und beteiligen sich an Morden. Schmidt denkt: »*Was haben wir da für einen Fehler gemacht. Das darfst du nie wieder tun.*«

Schmidt trifft Entscheidungen, macht Fehler, lernt dazu, ist bereit, eindeutig Verantwortung zu übernehmen. Er und seine Frau Loki wissen um die eigene Gefährdung. Sie hinterlegen schriftlich ihren Willen, im Falle einer eigenen Gefangennahme nicht ausgetauscht werden zu wollen.

Zwei Monate später eine Geiselnahme von 12 Diplomaten und Angestellten in der deutschen Botschaft in Stockholm. Schmidt bleibt hart. Zwei deutsche Diplomaten werden erschossen. In der Folgezeit sterben weitere Menschen bei Geiselnahmen und Anschlägen. Der Banker und Schmidt-Freund Jürgen Ponto. Der Arbeitgeberpräsident Hans-Martin Schleyer. Manchmal kann man sich in Krisen nicht nicht schuldig machen. Aber man kann Entscheidungen in ihren absehbaren Folgen konsequent bis zum Ende durchdenken und versuchen möglichst verantwortungsvoll zu handeln.

Im Oktober 1977 wird die Lufthansa-Maschine Landshut mit 87 Menschen durch vier palästinensische Terroristen entführt. Elf in Deutschland einsitzende RAF-Terroristen sollen freigepresst werden. Schmidt geht nicht auf die Forderungen ein. Er entschließt sich stattdessen, dem Flugzeug die Antiterrorspezialeinheit GSG9 hinterherzuschicken. Auf dem Flugfeld in Mogadischu stürmt das Sonderkommando die Maschine, kann alle Passagiere befreien und drei der vier Terroristen erschießen. Für den Fall eines Fehlschlages der Aktion hatte Schmidt bereits sein Rücktrittsschreiben angefertigt. Schmidt sorgte dafür, dass der deutsche Staat nicht erpressbar ist, und brachte den RAF-Terroristen die entscheidende Niederlage bei.

Dreißig Jahre später sagt Schmidt in einem Interview in der ZEIT: »*Wir hatten alle die Kriegsscheiße hinter uns ... Wir hatten alle genug Scheiße hinter uns und waren abgehärtet. Und wir hatten ein erhebliches Maß an Gelassenheit bei gleichzeitiger äußerster Anstrengung der eigenen Nerven und des eigenen Verstandes. Der Krieg war eine große Scheiße, aber in der Gefahr nicht den Verstand zu verlieren, das hat man damals gelernt.*«

Krisenzeiten können Menschen in harte Entscheidungssituationen führen und ihnen große moralische Verantwortung abverlangen. Die humane Überwindung von Krisen setzt moralische Reife voraus. Nur human bewältigte Krisen erzeugen nicht schon bald die Grundlage der nächsten Krise.

Der US-Psychologe Lawrence Kohlberg erforschte die Entwicklungsstufen der moralischen Reife. Auf der untersten Ebene befinden sich die meisten Kinder bis zum ca. neunten Lebensjahr, sowie einige Jugendliche und viele Straftäter. Moralisch handeln heißt hier, sich machtvollen Autoritäten zur Vermeidung von Strafe zu unterwerfen. In etwas fortgeschrittenem Stadium gilt dann das ›Wie-du-mir-so-ich-dir-Prinzip‹, im positiven wie negativen Sinne.

Auf der mittleren Ebene werden die moralischen Erwartungen anderer erkannt, und meist auch anerkannt. Am oberen Ende dieser Ebene ist die Bedeutung moralischer Normen für das Funktionieren von Gesellschaften im Bewusstsein verankert – die Orientierung an Gesetz und Ordnung. Ein Großteil der Jugendlichen und die meisten Erwachsenen befinden sich in diesem Reifestadium.

Auf der obersten Ebene tummelt sich dann nur noch eine Minderheit der Erwachsenen.[17] Sie beginnt damit, dass moralische Normen nur noch anerkannt werden, wenn sie gut begründet sind – unabhängig davon, was Recht und Gesetz sagen. Erwägungen zur Gerechtigkeit und Nützlichkeit von Verhaltensweisen für Alle prägen die moralischen Urteile. Höchstens ein Viertel der Menschen erreicht diese Reife. Noch weniger, keine 5%, erreichen das obere Ende der dritten Ebene, den höchsten moralischen Reifegrad. Verantwortliches Handeln bemisst sich dann nicht mehr an konkreten *moralischen* Regeln (wie z.B. den 10 Geboten), sondern an bewusst selbstgewählten, übergeordneten *ethischen* Prinzipien. Ethisches Handeln dient nicht einem Zweck, sondern ist Selbstzweck. Die Basis dafür bilden absolute logische Widerspruchsfreiheit, Umfänglichkeit und Allgemeingültigkeit. Im Kern beinhaltet dieser Reifegrad die Prinzipien Gerechtigkeit, Gegenseitigkeit, Gleichheit der Menschenrechte und Respekt vor der Menschenwürde. Emanuel Kant brachte diesen Reifegrad durch seinen ›kategorischen Imperativ‹ mit einer knappen Formel auf den Punkt: »*Handle nur nach derjenigen Maxime, durch die du zugleich wollen kannst, dass sie ein allgemeines Gesetz werde.*«

Was meinen Sie, wo wären Sie auf diesen moralischen Entwicklungsstufen einzuordnen? **Wie sieht es mit Ihrer moralischen Reife aus? Was hilft Ihnen, Verantwortung zu übernehmen und Haltung zu zeigen?**

Moralische Reife, und damit Verantwortungsbereitschaft, ist nicht in den Genen festgeschrieben. Sie ist Produkt von Erziehung und Bildung, Prägung durch Vorbilder und Autoritäten, Auseinandersetzung mit gesellschaftlichen Rahmenbedingungen, geistigen Fähigkeiten, praktischer Erfahrung durch die Übernahme sozialer Verantwortung, die Beschäftigung mit moralischen Dilemmata, Einladungen zur Perspektivübernahme und mehr. Eine Gesellschaft tut gut daran, all dies zu begünstigen.

*

Eines Tages stellt der Teufel mit Schrecken fest, dass in der Hölle nur noch ein einziger Platz frei ist. Diesen letzten Platz will er natürlich an einen würdigen Kandidaten vergeben. Er tritt also vor den Eingang der Hölle, wo sich bereits eine lange Schlange gebildet hat. Er beginnt die Wartenden der Reihe nach zu fragen:

»Na, was hast du auf dem Kerbholz?« – *»Ich war im Exportgeschäft. Waffenhandel.«* *»Aha, sieh an, sieh an ...«* sagt da der Teufel.

Er fragt den Nächsten und bekommt zur Antwort: *»Ich habe eine Frau in ihrer eigenen Wohnung stundenlang gequält und dann umgebracht.«* – *»Prima, das hört sich doch schon ganz ordentlich an.«*

Wiederum der Nächste, ein Pfarrer: *»Ich habe Kinder aus meiner Gemeinde regelmäßig missbraucht.«* – *»Respekt, Respekt!«*

Schließlich sieht der Teufel etwas abseits einen Mann stehen, der scheinbar völlig unbeteiligt durch die Gegend schaut. Schnurstracks steuert er auf ihn zu: *»Na, mein Guter, lass doch mal hören, was du zu Lebzeiten* *so angestellt hast!« – »Ich? Ich habe nichts gemacht! Ich glaube auch, ich bin hier völlig falsch, ich sah nur gerade die ganzen Leute hier stehen, und wollte mal schauen.« – »Na sag schon, irgendwas hast du dir doch zu Schulden kommen lassen, sonst hätten Sie dich in den Himmel gelassen!« – »Nein, wirklich, ich habe nichts Schlimmes getan! Ehrlich! Als der Mann da vorne die Waffen für die bösen Diktatoren bei uns in der Fabrik abholen ließ, stand ich nur an der Laderampe! Als der Sadist sich meine Nachbarin vorgenommen hat, habe ich nur Ihre Schreie und Hilferufe gehört, aber ich habe nichts getan! Ich mische mich doch nicht einfach ungefragt ein. Ich schwöre! Und die Kinder aus der Gemeinde haben mir gegenüber auch einige Male angedeutet, was der Pfarrer so alles mit ihnen anstellt. Das haben aber eh alle gewusst.«*

Während der Ausführungen des Mannes hellt sich die Miene des Teufels immer weiter auf. Schließlich sagt er mit einem zufriedenen Lächeln auf dem Gesicht: *»Du bist genau mein Mann. Tritt ein!«*

Selbstfürsorge: gesund bleiben in Zeiten der Veränderung

»Wenn das Wasser bis zum Hals steht, nimmt der Soldat selbständig Schwimmbewegungen auf. Die Grußpflicht entfällt hierbei.«

hartnäckiges Gerücht bezüglich einer vermeintlichen Dienstvorschrift (ZDv3/11) für Soldaten der Deutschen Bundeswehr

Wie können Sie es schaffen, stürmische Zeiten gut zu überstehen, ohne persönlich größeren Schaden zu nehmen? Dieses letzte Kapitel beschäftigt sich damit, wie man auch unter schwierigen Bedingungen gut für sich Sorge tragen kann. Wenn es Ihnen gelingt, auch in Krisenzeiten gut auf sich zu achten, haben Sie umso besser Chancen, diese auch zu bewältigen und an ihnen zu wachsen. Jede bewältigte Krise trainiert und stärkt die eigene Krisenfähigkeit. Mit Selbstfürsorge sollte man allerdings nicht erst beginnen, wenn alles zusammenbricht. **Je mehr Sie bereits in ruhigen Zeiten gut auf sich Acht geben, umso mehr wird Ihnen dies auch im Volllastbetrieb unter Krisenbedingungen gelingen. Selbstfürsorge ist deshalb immer auch Krisenvorsorge.**

*

FlugbegleiterInnen sind Angehörige einer äußerst fürsorglichen Profession. Sie kümmern sich um die Belange der

169

Passagiere, und auch die Piloten und Pilotinnen werden von ihnen umsorgt. Sie sind bestens für die Bewältigung von Krisenfällen ausgebildet. Regelmäßig trainieren sie den Ernstfall. Es dürfte sich lohnen ihnen gut zuzuhören, wenn sie darüber informieren, wie man für sich und andere im Notfall gut sorgt. Wann sind Sie das letzte Mal geflogen (falls überhaupt)? Wissen Sie noch, was Sie zur Vorbereitung auf Notfälle während der Reise erzählt bekommen haben?

Da ist die Sache mit den Sicherheitsgurten; man sollte sich nicht unnötig dem Risiko blauer Flecken und Knochenbrüche oder noch schlimmerem aussetzen, wenn Flugphasen absehbar holprig verlaufen könnten. Dann die Rettungswesten; falls Flugreisen unerwartet zu Schiffsreisen werden sollten. Der Hinweis auf Rettungswege, Notausgänge und Notrutschen; für den Ernstfall sollte bekannt sein, wie man aus einer Situation herauskommt, die sich plötzlich in eine Gefahrensituation gewandelt hat. Schließlich noch die Sauerstoffmasken: Sie baumeln den Passagieren plötzlich vor der Nase, wenn der Kabinendruck unerwartet abfallen sollte. Die Reisehöhe ist heutzutage sehr hoch. Zu hoch, um ohne technische Vorrichtungen noch ausreichend überlebensnotwendigen Sauerstoff zu bekommen. Die FlugbegleiterInnen führen vor, wie man sich die Masken anlegt, um bei Bewusstsein und klarem Verstand zu bleiben. Nicht alle Passagiere schaffen es, sich die Masken selber aufzusetzen. Kleine Kinder, Ältere und gehandicapte Mitmenschen sind auf die Hilfe von Sitznachbarn angewiesen. Wem soll man nun im Notfall die Maske zuerst aufziehen? Sich selbst? Aber das wäre egoistisch, oder?! Dann wohl erst den Hilfebedürftigen. Oder doch nicht?!

Die Anweisungen der FlugbegleiterInnen sind eindeutig: immer erst sich selbst. Es ist bei allen Fluggesellschaften weltweit das Gleiche. Ich habe es überprüft! Immer erst sich selbst. Wie will man anderen in Krisensituationen helfen, wenn sich das eigene Bewusstsein zunehmend eintrübt, Panik aufsteigt, man keinen klaren Gedanken mehr zu fassen bekommt, und andere womöglich noch mit der eigenen Panik ansteckt? **Wenn man in Krisen für andere da sein will, sollte man erst einmal dafür sorgen, dass man selbst verlässlich im grünen Bereich unterwegs ist.**

Aber um was genau kümmert man sich eigentlich, wenn man für sich selbst sorgt? Was ist der ›Sauerstoff‹, den man braucht, um für Krisenzeiten ausreichend gerüstet zu sein? **Die psychische wie körperliche Unversehrtheit beruht auf vier großen Säulen,** den Grundbedürfnissen. Diese sollten halbwegs anständig versorgt sein. **Gelegentlich sollte man sie einer großen Inspektion unterziehen, gewissermaßen einem ›Krisen-Check-up‹,** damit die Gesamtstatik der Seele nicht aus dem Gleichgewicht gerät. Sind Sie bereit?

Die erste Säule trägt die Aufschrift ›Beziehungen‹. Der Mensch ist kein Einsiedler, sondern ein ausgeprägt soziales Wesen, ein Herdentier. Wir leben in Bezügen; in romantischen, familiären, freundschaftlichen, nachbarschaftlichen, kollegialen, nahen und distanzierteren Beziehungen. Gleichzeitig brauchen wir ein gutes Gleichgewicht zwischen unseren Bindungen und Autonomiebestrebungen – die Dosis macht das Gift. Wir brauchen Gefühle von Verbundenheit, wollen zu Einzelnen und Gruppen dazugehören, dürsten danach zu lieben und geliebt zu werden, suchen Geborgenheit – wollen aber auch eigenständig unser Ding machen.

Wie steht`s bei Ihnen? Sind Ihre Bedürfnisse nach Bindung und Autonomie halbwegs gestillt und in einem bekömmlichen Gleichgewicht? Oder sind sie eher etwas unterversorgt? Wie sieht es mit Ihrer Beziehung zu sich selbst aus? Wahrhaft gute Beziehungen erkennt man nicht daran, was man sich von Ihnen erhofft, sondern was man bereit ist, für sie zu geben. Welches könnte der nächste kleine Schritt sein, um Ihre Beziehungssäule noch stabiler zu machen? Mal wieder alte Freunde anrufen, sich in einem Verein anmelden? Oder aus der Umklammerung von jemandem lösen und dadurch freier für andere Bindungen werden? **Nichts hilft so gut durch Krisen, wie liebe, nahestehende, wohlwollende Menschen.**

Die zweite Säule ist der ›Selbstwert‹. Jeder Mensch braucht etwas, was ihn braucht. Völlig irrelevant für alles und jeden zu sein, inklusive sich selber, ist kein gutes Gefühl. Selbstwert darf keinesfalls alleine von Leistung abhängen. Der Mensch hat einen absoluten Wert an sich, einfach weil er ist. Diesen Wert muss man sich nicht verdienen, man hat ihn bereits. Niemand darf ihn absprechen oder auch nur in Frage stellen. Soziale Teilhabe zu erleben und gesellschaftliche Rollen ausfüllen zu dürfen, ist ein purer Vitamincocktail für die Selbstachtung – und Bestandteil der Menschenrechte. Aufgaben annähernd gewachsen zu sein oder an ihnen wachsen zu dürfen schenkt Selbstvertrauen. Wenn man dann gelegentlich noch ein Lob erhält, etwas Anerkennung bekommt (zumindest von sich selbst), ist die Sache geritzt.

Mit gefülltem Selbstwertdepot gelingt die konstruktive Selbstkritik leichter. Man kann sich dann entspannter in Frage stellen und immer wieder ein Stück weit neu erfinden – sehr gut für die Bewältigung von Krisenzeiten!

Wie sieht es mit Ihren Selbstwertspeichern aus? Bringen Sie den Satz »*Ich bin vollkommen in Ordnung, so wie ich bin (auch wenn bestimmt nicht alles einwandfrei ist, was ich mache)*« entspannt und für sich glaubhaft über die Lippen?

Jetzt geht`s an das Grundbedürfnis nach ›Kontrolle und Orientierung‹, der dritten Säule. Gut gestellt ist dieses Bedürfnis, wenn man sich einen Reim auf die wichtigsten Ereignisse um sich herum machen kann, im eigenen Lebensvollzug eine gewisse Verlässlichkeit der Abläufe erfährt, und meint, seine Geschicke durch eigenes Handeln ein gutes Stück weit lenken zu können. In Krisenzeiten sieht`s bei diesem Bedürfnis meist recht mau aus, die Grundsicherheit fühlt sich bedroht an. Man weiß nie, was als Nächstes wieder Beunruhigendes passieren wird. Da kann die Angst schon mal aus den feinsten Ritzen kriechen. Aber nie sind alle Lebensbereiche völlig in der Krise. Umso wichtiger: **Gestalten Sie aktiv Ihre Geschicke, wo Sie selbst Einflussmöglichkeiten haben. Und machen Sie sich locker in Bezug auf die Dinge, die Sie nicht in der Hand haben.** Auch hilfreich: Das Atmen nicht vergessen und sich gelegentlich ablenken. Bringt doch nichts, sich verrückt zu machen.

Sie sollten sich auf jeden Fall davor hüten, süchtig nach Sicherheit zu werden. Sonst könnte es Ihnen ergehen wie der Frau bei uns in der Heidelberger Fußgängerzone. Kennen Sie die? Seit Jahrzehnten geht sie täglich händeklatschend die Straße rauf und runter, stundenlang. Klatsch, klatsch, klatsch. Ein echtes Unikat, in der ganzen Stadt bekannt. Als junger Psychologiestudent – das Psychologische Institut befindet sich mitten in der Fußgängerzone – beobachtete ich diese eigenartige Frau besonders neugierig, Monate lang, immer in den Vorlesungspausen. Sie wirkte, abgesehen von dem Klatschen, völlig normal. Irgendwann wollte ich es dann wissen, ging auf die Frau zu, und fragte sie gerade heraus: »*Sagen Sie mal, warum klatschen Sie denn die ganze Zeit in die Hände?*« Sie, wie selbstverständlich, zurück: »*Na, um die gefährlichen Tiere zu vertreiben.*« Ich, verwirrt, anmerkend: »*Aber ... hier sind doch gar keine gefährlichen Tiere ...?!*« Sie triumphierend zurück: »*Siehst du! Es funktioniert!!!*«[18]

Immerhin ist sie bislang nicht auf Populisten hereingefallen, soweit ich weiß. Aber sie ist sehr gefährdet – mit Sicherheit. Sei es drum: Bevor sie irgendwelchen Demagogen frenetisch Beifall klatscht und womöglich noch dümmere Dinge tut, soll sie eben weiter ihrem magischen Denken frönen und die Tiere wegklatschen.

Die Sucht nach Sicherheit treibt seltsame, häufig sehr gefährliche Blüten. Ich nehme an, Sie, lieber Leser, sind sich sehr bewusst, wann, warum und für wen Sie klatschen, besonders in Krisenzeiten, und wann Sie Ihre Hände lieber ruhig halten, dafür aber den Mund aufmachen. Nicht wahr?

Kommen wir zur letzten, der vierten Säule: ›Lustgewinn‹. Auch nicht zu verachten, vor allem wenn die Krisen mal wieder länger dauern und die zu bohrenden Bretter unendlich dick erscheinen. Unter dieses Grundbedürfnis fällt alles, was Freude, Spaß, Genuss, Vergnügen und Zerstreuung verspricht (und umgekehrt natürlich die Vermeidung aller unlustigen Dinge: Schmerz, Hunger, Durst, Müdigkeit). **Nur weil mal wieder Krise ist, muss man ja nicht gleich ins Kloster gehen.** Was Freude verspricht, kann individuell unendlich verschieden sein: Musikgenuss, lesen, Sex, Sport, Briefmarken sammeln, kochen, essen und trinken ... Aber wem erzähl ich das. Wenn Sie wollen, dann machen Sie doch bei Gelegenheit einfach mal eine Liste und schreiben auf, was Ihnen alles Vergnügen bereitet, oder früher mal bereitet hat. Wann haben Sie diese Dinge das letzte Mal getan? Was wollten Sie schon immer mal tun? Wenn wir die Welt demnächst mal wieder gemeinsam aus den Trümmern irgendwelcher Krisen aufbauen müssen, dann schadet es gewiss nicht, noch ein paar Glückshormone vom letzten Lagerfeuerabend mit Freunden im Proviant zu haben.

Soweit der Überblick über unsere Grundbedürfnisse und die Einladung zur entsprechenden Inventur. **Sind Ihre Grundbedürfnisse gut versorgt, ist auch Ihr psychisches Immunsystem mit den nötigen ‚Vitaminen' ausgestattet, um für Krisen gewappnet zu sein.** Man sollte besser nicht zu lange darauf warten, dass andere darauf achten, ob einem etwas fehlt. Lieber selbst aktiv werden.

Genau genommen gibt es noch ein fünftes, den anderen übergeordnetes, Grundbedürfnis, das nicht unerwähnt bleiben soll: Sinn. Sinn hängt eng mit den eigenen Werten und Weltanschauungen zusammen. Wer Dinge für sich als sinnvoll bewertet, kann gut ertragen, dass die eigenen Grundbedürfnisse vorübergehend auch mal unterversorgt sind. **Sinn kann die Frustrationstoleranz und Ausdauer in Krisenzeiten ungemein steigern.**

Selbstfürsorge in Krisenzeiten heißt auch, nur für die Dinge Verantwortung zu übernehmen, auf die man tatsächlich Einfluss hat – aber auch nicht weniger. Es ist schlau, sich demütig auf die eigenen Möglichkeiten zu konzentrieren, und sich vor überzogenen Ambitionen und Selbstüberschätzung zu schützen. Man sollte sich gut überlegen, welche konkreten Ziele man sich setzt, und was besser nur als richtungsweisende Vision dienen sollte. Ein Pilot kommt ja auch nicht auf die verrückte Idee, dass er den Horizont jemals erreichen könnte. Trotzdem braucht er ihn als Orientierungshilfe, um seine Ziele sicher ansteuern zu können.

Schließen wir also die Erwägungen zur Selbstfürsorge in Krisenzeiten noch einmal mit dem Appell, sich nicht chronisch selbst zu überfordern. Das darf man sich von sich selbst nicht bieten lassen! Eine ordentliche Portion Selbstvertrauen in Kombination mit ambitionierten Zielen ist allerdings auch eine Art Selbstfürsorge, wie die folgende, erstaunliche Anekdote imposant belegt:

*

Große Teile der Welt sind in Aufruhr. Überall Konflikte, Kriege, Katastrophen, Krisen. Auch in einem kleinen Landstrich im Nordwesten Deutschlands, Ostfriesland, macht man sich Gedanken. Die Ostfriesen haben vor allem die Großmachtfaxen der Russen dicke und wollen nicht,

dass diese mit ihren militärischen Eskapaden immer
weitere Nachbarländer in krisenhafte,
destabilisierende Konflikte stürzen. Kurzentschlossen
erklären sie Russland per Telegramm den Krieg:

»Erklären Krieg«

– Stop –

»Kommen mit 20 Panzern und 200 Soldaten«

– Stop –

Kurz darauf kommt die Antwort der Russen:

»Kriegserklärung angenommen«

– Stop –

»Kommen mit 10.000 Panzern und 2 Millionen Soldaten«

– Stop –

Daraufhin wieder die Ostfriesen:

»Müssen Kriegserklärung zurücknehmen«

– Stop –

»Können so viele Gefangene nicht unterbringen«

– Stop –

Nachwort

Die Welt ist aus den Fugen. Wir sind Zeugen gewaltiger, krisenhafter Umbrüche. Keiner weiß, ob und was in nächster Zeit alles zusammenbrechen wird. Fest steht: Niemand kann heute auch nur ansatzweise abschätzen, was in ein, zwei oder drei Jahren sein wird. Der Zeitraum des Berechenbaren wird immer kürzer. Wie die Dinge stehen, muss man zumindest davon ausgehen, dass es erst noch schlimmer wird, bevor es besser wird.

Im Buch wurde geschildert, dass in diesen Jahren viele negative Entwicklungen globalen Ausmaßes zusammenkommen: Wir leben in einer Welt, deren Komplexität exponentiell zunimmt. Der Mensch hat jedoch kein intuitives Gespür für positive Rückkoppelungen und die ungebremste Steigerung von Wachstumsprozessen. Hartnäckig herrschen weiter einfache, mechanistische Ansichten aus vergangenen Tagen vor. Wissen und Fähigkeiten für den Umgang mit komplexen, dynamischen Systemen – also der globalisierten Welt von heute – sind bislang kaum verbreitet. Neoliberale Ansichten haben mittlerweile fast sämtliche Lebensbereiche infiziert. Nahezu alles ist zum Markt mutiert und orientiert sich an Effizienz und Steigerung. Der Reichtum sammelt sich bei immer weniger Menschen. Ein entgrenzter Kapitalismus, der womöglich auf eine Art finale Krise zuläuft.

Das Neue, Unerwartete explodiert dieser Tage förmlich – und es tut dies innerhalb der begrenzten Gedankengebäude und starren Strukturen von Vorgestern. Das sorgt bis auf weiteres für ansteigendes Krisenpotential. Immer mehr alte Normalitäten – Selbstverständlichkeiten, Identitäten, Werte – atomisieren sich vor unseren Augen und werden zu Chaos. Die alten Ansätze, Haltungen und Ideen für den Umgang mit Krisen funktionieren immer weniger. Wir sehen uns mit einer Metakrise konfrontiert, einer grundlegenden Krise unseres Umgangs mit Krisen. Darum werden wirklich brauchbare Kompetenzen im Umgang mit krisenhaften Zeiten immer wichtiger. Denn wer will sich den Ereignissen schon ohnmächtig ausliefern und seinen Verstand riskieren?

Evolutionär betrachtet sind wir für die heutige Zeit, die globalisierte Welt, das Leben in und mit komplexen dynamischen Systemen und daraus resultierenden Systemkrisen, nicht gemacht. Die Natur hat uns für anderes optimiert: das Leben in der Savanne; mit den eigenen Kräften haushalten, gelegentlich für einige Minuten auf Kampf oder Flucht umschalten, dann wieder ausruhen oder Beeren sammeln, mit der Horde weiterziehen. Jagen und verdauen, nicht zu viel während des Überlebenskampfes nachdenken, nicht unnötig denken, auf die Intuition vertrauen. Das Gehirn ist ein starker Ressourcenverbraucher.

Aber auf unsere Intuition und unsere evolutionären Fähigkeiten und Reflexe können wir nicht mehr viel geben, wenn wir die aktuellen Herausforderungen erfolgreich bewältigen wollen. Auch wäre es naiv davon auszugehen, dass sich der Mensch genetisch rasch an die veränderten Anforderungen hochkomplexer Umwelten anpassen könnte und evolutionär nachreifen würde. Die dazu notwendigen Jahrtausende haben wir nicht.

Wir sind auf Weiterentwicklungen im Staatswesen, der internationalen Zusammenarbeit, im sozialen, zwischenmenschlichen, kulturellen, geistes- und naturwissenschaftlichen Bereich angewiesen. Und vor allem sind wir auf den Gebrauch des eigenen Kopfes angewiesen. Wir dürfen darauf hoffen, dass sich für den Umgang mit Krisen sowohl in der Bevölkerung als auch bei den Entscheidungsträgern eine andere Art zu denken etabliert, eine andere Haltung, ein anderes Miteinander. Dieses Buch war der Versuch zu skizzieren, wie dies aussehen und welche Elemente das beinhalten könnte. In den zurückliegenden Kapiteln habe ich nach bestem Wissen und Gewissen versucht einige wichtige Anhaltspunkte zu bieten, was helfen könnte, turbulente Zeiten gut und mit Anstand zu überstehen; möglicherweise sogar einen eigenen Anteil zur Gestaltung einer positiven Zukunft für sich selbst und andere zu leisten.

Es mag dieser Tage viele Gründe geben, beunruhigt zu sein; wenn man jedoch die Geschichte der Aufklärung betrachtet, blickt man auf eine fantastische Erfolgsstory. Es ist absolut berechtigt davon auszugehen, dass der Mensch seine Geschicke durch den Einsatz des Verstandes auch in Zukunft verantwortungsvoll gestalten wird. Die Menge der Probleme mag gigantisch erscheinen, und die zunehmende Häufung der Krisen Anlass zu größter Besorgnis geben. Wenn aber viele Menschen ihren Verstand besonnen einsetzen und nicht gleich die Krise bekommen, nur weil es mal wieder in vielerlei Hinsicht nicht weitergehen können wird wie bisher, dann besteht berechtigter Anlass, durchaus positiv in die weitgehend unbekannte Zukunft zu blicken. Lassen

Sie sich von sich selbst überraschen, welchen Anteil Sie dazu beitragen werden.

Wir haben dieser Tage sehr viele Chancen, Dinge zu wenden und auf wunderbare Weise neu zu gestalten. Viel mehr als in den zurückliegenden Jahrzehnten. Die Haltungen und Werkzeuge, die dazu gebraucht werden, sind vorhanden. Sie müssen nicht erst erfunden, sondern nur genutzt werden. Jetzt geht es darum, dass ein jeder seine persönlichen Gelegenheiten erkennt und ergreift. Wir müssen nur einfach machen. Jeder in seinem Bereich und mit seinen Möglichkeiten.

*

»Liebe Nachwelt! Wenn ihr nicht gerechter, friedlicher und überhaupt vernünftiger sein werdet, als wir sind bzw. gewesen sind, so soll euch der Teufel holen.«

Albert Einstein
deutscher / schweizer / amerikanischer Physiker

Anmerkungen

1 »*Der schwarze Schwan*« ist ein Weltbestseller des philosophischen Essayisten und ehemaligen Finanzmathematikers Nassim Nicholas Taleb. Darin beschreibt er die Macht höchst unwahrscheinlicher Ereignisse. Er erzählt, dass die Europäer bis ins 17. Jahrhundert fest davon überzeugt waren, dass alle Schwäne weiß sind. Diese Auffassung wurde durch die Entdeckung Australiens verstört. Was keiner für möglich gehalten hatte, war plötzlich real: die Existenz schwarzer Schwäne. Taleb bietet dies als Analogie für die Gegenwart und die Begrenztheit von Zukunftsprognosen an. Denn wer hätte mit den Terrorattacken des 11. Septembers 2001, dem Siegeszug des Internets oder Donald Trump gerechnet?

2 Florian Diekmann (5.2.2015). Studie zu globaler Kreditlast. Die Welt versinkt in Schulden. Spiegel Online.

3 Paul Krugman: Austerität: Der Einsturz eines Glaubensgebäudes, Blätter für deutsche und internationale Politik, 07/2013, S. 45–58.

4 Lesenswert in diesem Zusammenhang: George Lakoff & Elisabeth Wehling (2014, 3. Aufl.): Auf leisen Sohlen ins Gehirn. Politische Sprache und ihre heimliche Macht«, Carl-Auer-Verlag.

5 Schweizerische Eidgenossenschaft: Medienmitteilung zur polizeilichen Kriminalstatistik 2014.

6 http://ec.europa.eu/eurostat/statistics-explained/index.php/File:Police-recorded_offences_by_offence_category,_EU-28,_2008%E2%80%9314_(2008_%3D_100)_YB16_II.png   (Stand Januar 2018)

7 Laut Aussagen des Kriminologen Christian Pfeiffer im Interview mit dem Deutschlandfunk am 28.1.2016

8 Hans-Jörg Albrecht (2012). Innere Sicherheit in Deutschland. Bundeszentrale für politische Bildung.

9 Herfried Münkler im Interview mit Richard David Precht unter dem Titel *Wie sieht die Zukunft der Demokratie aus?* in der Sendung »Sternstunden der Philosophie« des Schweizer Rundfunks am 28.8.2011

10 Byung-Chul Han (2012). Transparenzgesellschaft. Matthes & Seitz Berlin, S. 58/59

11 Die Sequenz ist auf YouTube unter dem Titel *Die lustige Welt der Tiere - Affe und Salz* verfügbar und äußerst sehenswert.

12 Emanuel Kant (1798). Anthropologie in pragmatischer Hinsicht, S. 215, 216

13 Richard Anschütz (2011). Der Chemiker August Kekulé - Band 1: Leben und Wirken, S. 625. Hamburg: Severus-Verlag. Nachdruck der Originalausgabe von 1929.

14 Ernst Peter Fischer (2013). Wie der Mensch seine Welt neu erschaffen hat. S. 193. Berlin, Heidelberg: Springer.

15 In diesem Zusammenhang: Der Deutsche Ethikrat sah sich im April 2016 in einer Stellungnahme sogar genötigt, das Effizienzstreben, das durch die neoliberalen Umwälzungen im deutschen Gesundheitswesen zur leitenden Maxime geworden war, öffentlich zu rügen. Er forderte, das *»Patientenwohl als Maßstab für das Krankenhaus zu verankern«*, um dem zunehmenden ökonomischen Druck etwas entgegenzusetzen. In was für einer seltsamen Zeit leben wir, in der man Regierung und Parlament darauf hinweisen muss, dass das Patientenwohl der oberste Maßstab im Gesundheitswesen sein sollte?

16 In diesem Zusammenhang interessant ist, dass es in der Schweiz seit acht Jahrzehnten eine im Ausland weitgehend unbekannte private Parallelwährung, den »WIR«, gibt. Er wurde als Antwort auf die Weltwirtschaftskrise der 1930er Jahre geschaffen und beugt Liquiditätsmangel vor. »Komplementärwährungen« wie den WIR gibt und gab es in zahlreichen Ländern.

17 Für Ausnahmegestalten wie Buddha, Jesus und Gandhi hat Kohlberg eine eigene, noch höhere Reifeebene vermutet, auf der verantwortungsvolles Handeln sich auf transzendente Bezüge gründet. Aber wir wollen die Zielmarke hier ja nicht zu hoch ansetzen ;-)

18 Eine wunderbare Geschichte. Allerdings nicht vom Autor dieses Buches. Was sich mit Sicherheit sagen lässt, ist, dass diese Geschichte in ähnlichen Formen seit Jahrzehnten als echter Schenkelklopfer unter Psychologen kursiert.

Danksagung

Ich danke allen Vätern und Müttern von Konstruktivismus, Systemtheorie und Hypnosystemik für die Bereitstellung der Denk- und Handlungswerkzeuge, ohne die die heutige Welt wohl verloren und ohne deren Arbeiten auch dieses Buch nicht entstanden wäre. Meiner Frau möchte ich dafür danken, dass sie mir stets den Rücken zum Schreiben freigehalten hat und mir unzählige wertvolle Anregungen gegeben hat. Martin Fackel, Marco Bode, Dr. Angelika Eck und Ghita Benaguid möchte ich für das zwischenzeitliche „Testlesen" und die hilfreichen Rückmeldungen danken. Dr. Wolfgang Kowalk, Angela Kowalk und Anja Junker möchte ich für ihre orthografischen und grammatikalischen Fähigkeiten und das ausdauernde Korrekturlesen danken. Einen Dank auch an alle anderen und hier namentlich nicht genannten Menschen, die mit unterstützenden Feedbacks und inspirierenden Beiträgen zum Gelingen dieses Buchprojektes beigetragen haben. Und schließlich einen Dank an Dr. Oliver Domzalski, der mir als hervorragender Lektor mit seiner wunderbar ehrlichen, stets produktiven und motivierenden Kritik und seiner Fachlichkeit zur Seite stand.

Stefan Junker

Wie verteidigt man die Demokratie?

Eine Anleitung für Anfänger und Fortgeschrittene

Die Demokratie ist weltweit in einer schweren Krise. Auch in Deutschland und Österreich sind ihre Fundamente mittlerweile erschreckend brüchig geworden. Der demokratische Gemeinsinn erodiert in atemberaubendem Tempo vor sich hin. Gesellschaftliche Spaltungen und Extremismus nehmen immer mehr zu. Und machtbewusste Populisten gießen Öl ins Feuer, verschieben die Normen des Sag- und Machbaren in immer extremere Zonen. Ihre Parolen verfangen bei immer größeren Teilen der Bevölkerung. Dabei wirken die etablierten demokratischen Kräfte teilweise wie gelähmt. Wem Freiheit und Menschenrechte etwas bedeuten, für den wird es Zeit, zu handeln. Jetzt.

Doch wie macht man das: sich für die Demokratie einsetzen? Sie verteidigen? Dieses Buch zeigt, wie es geht, alltagstauglich und anschaulich. Es liefert Antworten auf drängende Fragen: Wie kann jeder dazu beitragen, dem schleichenden Verfall der Demokratie Einhalt zu gebieten? Wie begegnet man Schreihälsen und Demokratieverächtern? Wie verteidigt man die Idee der Demokratie am Arbeitsplatz, im Verein, in der Nachbarschaft, an der Bushaltestelle, im Netz oder auch in der eigenen Verwandtschaft? Wie stoppt man den Mauerbau in den Köpfen? Wie überwindet man gesellschaftliche Gräben? Spätestens jetzt gilt es, den Kampf um die Demokratie aufzunehmen. Denn die Demokratie ist kein Selbstläufer mehr. Sie ist akut bedroht.

ISBN: 978-3746063157, 124 Seiten.

Stefan Junker

Die Demokratie und du: Zukunft fraglich.

Werden wir morgen noch selbstbestimmt und in Freiheit leben können? Wie wird es mit der Demokratie weitergehen? Wie sieht ihre Zukunft aus? Hat Sie überhaupt eine? Und was bedeutet das alles für mich? Wie soll ich mich positionieren, mit all dem umgehen?

Der Psychologe und Krisenmanager Dr. Stefan Junker hilft dem Leser auf verblüffende Weise bei der Klärung dieser drängenden Fragen: Er stellt seinerseits Fragen. Hunderte. Ein ganzes Buch voller frecher, nachdenklich machender, intellektuell herausfordernder, manchmal auch einfach unterhaltsamer Fragen. Fragen, die zur Selbstreflexion und zu spannenden, lustvollen Gesprächen mit Mitmenschen anregen. Fragen, die zu neuen, lohnenden Begegnungen mit dem eigenen Ich und anderen führen.

Stefan Junker ist überzeugt: Es wird höchste Zeit, die eigene Beziehung zur Demokratie zu klären. Er macht Mut, politisch zu denken und zu handeln. Er zeigt mit seinen Fragen, dass jeder etwas tun kann, um die Zukunft der gesellschaftlichen Verhältnisse aktiv mitzugestalten.

"Die Demokratie und Du. Zukunft fraglich." - ein außergewöhnliches Buch voller Fragen, das dem Leser hilft eigene Antworten auf die Herausforderungen der Gegenwart zu finden.

Schlagen Sie dieses Buch irgendwo auf und fangen Sie an zu fragen - sich selbst und andere.

Inklusive Test: Wie anfällig bin ich für Populismus?

ISBN: 978-3743187573, 120 Seiten.